Arriver à

En avion

→Milano Linate
L'aéroport *(✆ 02 23 23 23 ; www.milanolinate.eu)* est situé à 7 km à l'est du centre-ville. Pour rejoindre le centre : bus ATM n° 73 (ttes les 10mn, de 6h05 à 0h40, 30mn, 1,50 €) ou X73 (direct, lun.-vend., ttes les 20mn, de 7h10 à 19h50, 25mn, 1,50 €), arrivée à piazza San Babila (M1 ligne rouge). Pour rejoindre la Stazione Centrale (M2 ligne verte et M3 ligne jaune) : bus Starfly *(✆ 02 58 58 72 37 ; www.starfly.net)*, ttes les 30mn env. de 6h15 à 22h45, env. 30mn, 5 €.
Pour le trajet en taxi vers le centre-ville comptez env. 10-15 €.

→Malpensa
L'aéroport *(✆ 02 23 23 23 ; www.milanomalpensa1.eu)*, à environ 50 km au nord-ouest de la ville, est constitué de 2 terminaux : le **Terminal 1** pour les vols intercontinentaux, internationaux et nationaux, et le **Terminal 2** pour les vols charter et les compagnies low cost. Pour rejoindre la ville, deux moyens : **Malpensa Shuttle** *(✆ 02 58 58 31 855 ; www.malpensashuttle.it)*, départ T1 et T2 et arrivée à la Stazione Centrale. 24h/24h ttes les 20mn, 60mn la nuit, 50mn, 7,50 €. **Malpensa Express** *(www.malpensaexpress.it)*, départ au niveau -1 du T1 (relié par navette au T2), relie l'aéroport à la gare de Milan Cadorna (M1 ligne rouge) ou à la Stazione Centrale. Train ttes les 30mn, de 5h à 23h, 30mn, 11 €.

MW01709740

31 855 ; www.malpensashuttle.it) relie aussi Malpensa à l'aéroport de Milano Linate. 5 dép./j., billet 13 €, trajet 1h10 env.

→Orio Al Serio (Bergame)
À 45 km à l'est de Milan. Pour rejoindre la Stazione Centrale de Milan en bus : Orio Shuttle *(✆ 035 33 07 06 ; www.orioshuttle.com)*, bus ttes les 30mn de 3h à 0h15, 50mn, 10 € ou bus Autostradale *(www.autostradale.it)*, ttes les 30mn de 4h à 1h, 50mn, 9,90 €. En train : départ ttes les heures de la gare de Bergame pour la Stazione Centrale de Milan. Pour rejoindre la gare de Bergame : Airport Bus *(www.atb.bergamo.it)*, ttes les 20mn, de 6h à 0h25, 15mn, 2 €.

En train

Arrivée à la gare Milano Centrale, piazza Duca d'Aosta (M2 ligne verte et M3 ligne jaune).

En bus

Les bus Eurolines arrivent à la gare routière de Lampugnano (M1 ligne rouge).

SPÉCIAL MÉTRO
→Horaires : 6h-0h30.
→Tarifs : Billet 1 trajet, 1,50 € ; billets 24h (4,50 €) ou 48h (8,25 €). *www.atm-mi.it.*
→Plan : plan du réseau au verso du plan détachable.

Le tramway dans la via Dante.

Ph. Renault/he

Destination Milan et les lacs

Préparez votre voyage

Formalités

Documents – Une carte d'identité suffit pour les résidents de la Communauté européenne et les Suisses. Pour les Canadiens, un passeport en cours de validité pour un séjour inférieur à trois mois est nécessaire. Les autres ressortissants de l'UE doivent se renseigner auprès du consulat d'Italie le plus proche avant de partir.
Douanes – Plus de franchise douanière entre les pays de l'Union européenne. En cas de question particulière, contactez le Centre des renseignements réglementaires (84 r. d'Hauteville - 75498 Paris - ✆ 01 53 24 68 24 - www.douane.gouv.fr).
Animaux – Si vous voyagez avec un chien ou un chat, il doit être en possession d'un passeport européen fourni et rempli par un vétérinaire, d'un certificat de vaccination antirabique de moins d'un an et être identifié par un tatouage ou une puce électronique.
Rens. sur www.turistia4zampe.it.

Se rendre à Milan

Avion

Les prix varient en fonction des saisons, mais la différence est surtout importante entre compagnies régulières et compagnies low-cost.
Air France – ✆ 36 54 (0,34 €/mn) - www.airfrance.com. Vols directs depuis Paris, Lyon, Marseille, Toulouse et Bruxelles.
Alitalia – ✆ 892 655 655 (0,34€/min) - www.alitalia.com. Vols directs depuis Paris et Bruxelles.
Lufthansa – ✆ 892 231 690 (0,34 €/mn) - www.lufthansa.com. Vols directs Paris-Milan.
Brussels Airlines – ✆ 0892 64 00 30 (0,337 €/mn) - www.brusselsairlines.fr. Vols directs depuis Bruxelles.
Swiss International Airlines – ✆ 0 820 04 05 06 - www.swiss.com. Vols au départ de Paris et Zurich.
Easy Jet – www.easyjet.com. Départ de Paris (Orly), Bordeaux, Lyon, Toulouse et Bruxelles.
Ryanair – www.ryanair.com. Vols directs depuis Paris (Beauvais) et Bruxelles pour Bergame/Orio al Serio (à 52 km de Milan).

Train

Liaisons quotidiennes en TGV Paris-Milan (gare de Lyon via Turin, durée 7h) ou par le train de nuit (gare de Bercy, durée 9h). Rens. au ✆ 36 35 - www.voyages-sncf.com et www.trenitalia.com.

Autobus

Eurolines – ✆ 0892 89 90 91 - www.eurolines.fr. Au départ de Paris et de nombreuses villes de province, lignes régulières pour Milan. Trajet Paris-Milan, gare routière Lampugnano (M1 ligne rouge) 13h.

Se rendre dans la région des lacs

Lac Majeur

En voiture – Depuis Milan, accès par l'A 8 jusqu'à l'échangeur de Vergiate

(55 km). Pour la rive lombarde, prendre la SS 629 ; pour la rive piémontaise, prendre l'A 8 jusqu'à la sortie Lago Maggiore, puis la SS 33.
En autobus – De l'aéroport de Malpensa, l'Alibus (réserv. obligatoire) dessert toutes les localités de la rive piémontaise jusqu'à Intra. ✆ 0323 55 21 72 - www.safduemila.com.
En train – **Rive piémontaise :** ligne régulière entre Milano Stazione Centrale ou Milano Stazione Garibaldi et Verbania *via* Arona et Stresa (comptez 1h15) ; la gare de Verbania est située 8 km à l'ouest du centre en direction de Stresa.
Rive lombarde : départs depuis Milan Stazione Cadorna pour Laveno-Mombello Nord (comptez 1h45).

Lac d'Orta

En voiture – Plutôt que de rejoindre Orta San Giulio par les grands axes (SS 229), prenez la route de montagne, beaucoup plus pittoresque, qui part de Stresa et passe par Gignese et Armeno (env. 40 km).
En autobus – En été, la ligne Orta Maggiore est en service entre Stresa et Orta San Giulio. Durée 1h. ✆ 0323 55 21 72 - www.safduemila.com.

Lac de Côme

En voiture – Depuis Milan, autoroutes A 8, puis A 9. 50 km jusqu'à Côme.
En bus – Depuis la gare routière (piazza Matteotti, au centre de Côme), liaisons fréquentes avec **ASF** vers toutes les localités du pourtour du lac et Bergame. ✆ 031 247 247 - www.sptlinea.it.
En train – Gare principale de Côme : Stazione Como Nord Lago pour les dessertes locales depuis Milan (1h). Ferrovie Nord – ✆ 02 85 111 - www.ferrovienord.it.

Lac de Garde

En avion – Ceux qui n'arrivent pas à Milan peuvent rejoindre plus facilement le lac depuis l'aéroport de Verone Villafranca. Vols depuis Paris et Bruxelles. ✆ 045 80 95 666 - www.aeroportoverona.it.
En voiture – Depuis Milan, on rejoint le lac par l'autoroute A4 (embouteillé en direction de Milan le matin et de Venise l'après-midi). Pour la rive occidentale : sortie Desenzano del Garda (125 km à l'est de Milan), pour la rive orientale : Peschiera del Garda (140 km de Milan).
En train – Gares sur la rive sud Desenzano et Peschiera : chacune à env. 800 m du centre. Liaisons régulières avec Milan (1h-1h30) et Vérone (20mn). www.trenitalia.com.
En bus – Les localités du lac sont desservies toutes les heures depuis les gares routières de Brescia (rive occidentale : ✆ 030 44 061 - www.trasportibrescia.it) et de Vérone (rive orientale : ✆ 045 80 57 922 - www.atv.verona.it).

Argent

L'Italie a adopté l'**euro** depuis janvier 2002. Vous trouverez sur place des distributeurs de billets en nombre. *Voir Perte de cartes : voir l'encadré « Pas de panique ! ». p. 9.*

Saisons et climat à Milan

Climat

Au **printemps**, les températures se situent autour de 16-17 °C en mars-avril et montent à 21-22 °C en mai. En **été**, les températures maximales vont de 25 à 30 °C. Juillet est le mois le plus chaud et humide. En **automne**, les températures demeurent élevées en septembre avec des maximales allant de 21 à 26 °C. Début novembre, elles baissent brusquement pour se situer entre 8 et 13 °C. En **hiver**, on peut enregistrer des -5 °C , mais, à cause de l'humidité, même une température de 5 °C peut s'avérer très désagréable. Les maximales vont de 4 à 6 °C. Pour consulter les prévisions météo, www.meteoitalia.it (site en italien).

Quand y aller ?

La **fin du printemps** et le **début de l'automne** sont les meilleurs moments pour visiter Milan et la Lombardie. En **hiver**, le climat froid et souvent humide de la vallée du Pô et de Milan peut être décourageant. Le brouillard y est fréquent, pouvant entraîner retards, détournements, voire annulations des vols. En **été**, bien que la chaleur ne soit pas excessive dans l'ensemble de la région, l'affluence peut être gênante dans les principaux sites touristiques.

Saisons et climat dans la région des lacs

La région des lacs jouit d'un climat bénéfique et très doux toute l'année. La destination est très prisée : il est donc conseillé de programmer votre visite au printemps ou à l'automne, pour profiter de la saison la plus agréable et éviter les foules estivales.

Pour en savoir plus

Avant de partir

Pour organiser votre voyage, adressez-vous en premier lieu à l'**Enit**, l'Office national italien de tourisme sur www.enit.it et www.italia.it.

France – 23 r. de la Paix - 75002 Paris - ✆ 01 42 66 66 68 - fax 01 47 42 19 74 - lun.-vend. 11h-16h45.

Belgique – 12, pl. de la Liberté - 1000 Bruxelles - ✆ (00 32 2) 64 71 154 - fax (00 32 2) 6 40 56 03 - lun.- vend. 9h-17h.

Suisse – Uraniastrasse 32 - 8001 Zurich - ✆ (00 41) 43 466 40 40 - fax (00 41) 43 466 40 41 - lun. -vend. 9h-17h.

Canada – 110 Yonge Street, Suite 503 Toronto (Ontario) M5C 1T4 - ✆ (00 1 416) 925 48 82 - fax (00 1 416) 925 47 99 - www.italiantourism.com.

À Milan

Office du tourisme de Milan – Piazza Castello 1, angle avec la via Beltrami - ✆ 02 77 40 43 43 ; Stazione Centrale (quais 13/14) - ✆ 02 77 40 43 18 - www.visitamilano.it.

Lac Majeur

http://distrettolaghi.eu/fr.

Offices de tourisme – Tous proposent une abondante documentation et des cartes pour les randonnées pédestres ou cyclistes dans la région. Accueil francophone ou anglophone.

Angera : piazza Garibaldi 10 - ✆ 0331 960 256 ;

Arona : piazzale Duca d'Aosta - ✆ 0322 243 601 ;

Baveno : piazza della Chiesa - ✆ 0323 924 632 ;

Cannero Riviera : via Orsi 1 - ✆ 0323 78 89 43 ;
Cannobio : via Giovanola 25 - ✆ 0323 71 212 ;
Laveno : piazza Italia 4 - ✆ 0332 668 785. En contact avec les aéroclubs et les centres de parapente des environs ;
Luino : via Chiara 1 - ✆ 0332 530 019 ;
Stresa : piazza Marconi 16 - ✆ 0323 30 150 ;
Verbania-Pallanza : corso Zanitello 6/8 - ✆ 0323 503 249.

Lac d'Orta

http://distrettolaghi.eu/fr.
Orta San Giulio : via Panoramica 2 - ✆ 0322 905 163.

Lac de Côme

www.lakecomo.com.
Bellagio : piazza della Chiesa 14 - ✆ 031 95 15 55 ;
Côme : piazza Cavour 17 - ✆ 031 269 712 ;
Domaso : via Roma - ✆ 034 496 322 ;
Menaggio : piazza Garibaldi 8 - ✆ 034 432 924 ;
Tremezzo : via Regina - ✆ 034 44 04 93.

Valtellina

www.valtellina.it.
Bormio : via Roma 131 - ✆ 0342 90 33 00 ;
Sondrio : via Tonale 13 - ✆ 0342 21 92 46 ;
Tirano : piazza Stazione - ✆ 0342 70 60 66.

Lac de Garde

Toutes les informations pratiques sur www.tourism.verona.it ou www.visitgarda.com.
Bardolino : piazzale Aldo Moro 5 - ✆ 045 721 00 78 ;
Desenzano : via Porto Vecchio 34 - ✆ 030 37 48 726 ;
Malcesine : via Gardesana 238 (à l'arrêt de bus) - ✆ 045 740 00 44 ;
Peschiera : piazzale Betteloni 15 - ✆ 045 755 16 73 ;
Salò : piazza Sant'Antonio 4 - ✆ 0365 21 423 ;
Sirmione : viale Marconi 6 - ✆ 030 91 61 14 ;
Torbole : lungolago Conca d'Oro 25, ✆ 0464 50 51 77.

Lac d'Iseo

Iseo : lungolago Marconi 2/c-d, ✆ 030 98 02 09 - www.comune.iseo.bs.it.

Sites internet

www.italia.it/fr : site officiel du tourisme en Italie.
www.enit.it/fr.html : informations touristiques des différentes villes et régions.
www.regione.lombardia.it : présente les richesses culturelles et naturelles de la région et donne de nombreuses informations.
www.visitamilano.it : site touristique de la ville et de la province de Milan.
www.turismo.milano.it : site touristique de la ville de Milan.
www.beniculturali.it : site du ministère de la Culture.
www.museionline.it : informations sur les musées et les expositions.
www.ticketone.it : achat en ligne de billets de spectacles et autres événements.
www.exibart.com : pour les expositions en cours.

Votre séjour de A à Z

Adresses utiles

France
Consulat général – Via della Moscova 12, Milan - ✆ 02 655 91 41 - www.ambafrance-it.org.
Chambre française de commerce et d'industrie – Via Leone XIII 10, Milan - ✆ 02 72 53 71 - www.chambre.it.
Centre culturel français – Corso Magenta 63, Palazzo delle Stelline, Milan - ✆ 02 485 91 91 - http://culturemilan.com.

Belgique
Consulat général – Corso Magenta 10, Milan - ✆ 02 29 06 20 62 - http://countries.diplomatie.belgium.be.

Suisse
Consulat général – Via Palestro 2, Milan - ✆ 02 777 91 61 - www.eda.admin.ch.

Électricité

Le voltage est le même qu'en France (220 V), mais l'écartement des prises de branchement varie parfois par rapport aux normes françaises : un adaptateur est donc recommandé.

Horaires

Magasins – Les magasins du centre sont généralement ouverts le lundi de 15h à 19h et du mardi au samedi de 10h à 19h30. Le dimanche, certains magasins d'alimentation ouvrent jusqu'à 13h. Les boutiques ont une demi-journée ou une journée de fermeture hebdomadaire. Le grands magasins sont ouverts sans interruption et parfois dimanche inclus.
Banques – Elles sont généralement ouvertes du lundi au vendredi de 8h30 à 13h30 et de 14h30 à 16h30. N'oubliez pas de prendre un ticket avec un numéro de passage ! Les bureaux de change ouvrent de 9h à 19h30 et certains ne ferment pas entre 13h et 15h.
Pharmacies – Les pharmacies italiennes *(farmacia)* sont signalées par une croix verte. Elles ouvrent généralement du lundi au samedi de 8h30 à 12h30 et de 16h à 20h. Les noms des médecins et pharmaciens de garde sont affichés. Consulter aussi le site www.farmacieaperte.it pour les ouvertures nocturnes.
Bureaux de poste – Ils sont ouverts de 8h30 à 13h30 (11h50 le samedi). À Milan,

PAS DE PANIQUE !
Gendarmerie : ✆ 112
Police : ✆ 113
Commissariat central : ✆ 02 62 261
Urgences médicales : ✆ 118
Easy Italia : ✆ 039 039 039 et 800 000 039 (numéro gratuit depuis fixe), information et assistance aux touristes
Perte cartes bancaires :
Amex : ✆ +33 (0) 1 47 77 72 00
Visa : ✆ 800 819 014
Master Card : ✆ 800 870 866

certains bureaux ouvrent l'après-midi jusqu'à 19h.
Pour information, contactez le ☏ 803 160 (n° vert) ou consultez le site Internet www.poste.it.

Internet

Les cybercafés sont nombreux à Milan. On vous en donnera les coordonnées dans les offices de tourisme.
Une pièce d'identité est demandée.
Le site http://cafe.ecs.net dresse la liste de tous les points Internet en Italie. Certains hôtels proposent des connexions gratuites ainsi que des liaisons Wi-Fi.

Jours fériés

Feriale ne signifie pas « férié » mais au contraire « jour ouvrable ». Les jours fériés sont appelés **festivi**.
Les jours fériés, nationaux ou non, à Milan sont les suivants :
1er janvier – Nouvel An ;
6 janvier – Épiphanie ;
Dimanche et lundi de Pâques *(lunedì dell'Angelo)* ;
25 avril – Anniversaire de la Libération de 1945 ;
1er Mai – Fête du travail ;
2 juin – Fête de la proclamation de la république ;
15 août – Assomption *(ferragosto)* ;
1er novembre – Toussaint ;
7 décembre – St-Ambroise, saint patron de Milan *(Sant'Ambrogio)* ;
8 décembre – Immaculée Conception ;
25 et 26 décembre – Noël et St-Étienne, premier martyr chrétien, fêté dans de nombreux pays d'Occident.

Mises en garde

Milan est une ville plutôt sûre, bien qu'il ne soit pas exclu, ici comme ailleurs, de croiser le chemin d'un **pickpocket**, en particulier dans les lieux très fréquentés. Vous rencontrerez à Milan, comme dans beaucoup de grandes villes, des vendeurs de rue proposant à la sauvette des articles de **contrefaçon** (parfums ou sacs). N'oubliez pas que ce genre d'achat est passible d'une amende !

Poste

Les timbres *(francobolli)* sont en vente dans les postes et bureaux de tabac. Pour des envois en Italie et en Europe, comptez 0,65 € pour une carte postale ou une lettre ordinaire jusqu'à 20 g.
En Italie, les boîtes aux lettres sont rouges.

Presse

Les principaux quotidiens milanais à diffusion nationale sont *Il Corriere della Sera* (www.corriere.it) et le quotidien économique *Il Sole 24 Ore* (www.ilsole24ore.com). À Milan, vous trouverez également *Il Giornale*, appartenant à la famille Berlusconi (www.ilgiornale.it). Les amateurs de sport liront *La Gazzetta dello Sport* (www.gazzetta.it).
Pour obtenir des informations sur les films à l'affiche, spectacles de théâtre, concerts et expositions à Milan, consultez *ViviMilano*, supplément au quotidien *Il Corriere della Sera* du mercredi. Dans les offices de tourisme ou sur le web (www.visitamilano.it), vous pouvez aussi vous procurer le mensuel

Milanomese, qui donne un aperçu des événements du mois en cours et informations pratiques sur les musées de la ville.
Les principaux quotidiens étrangers sont disponibles dans les kiosques des grandes villes, notamment dans les gares, un jour après leur parution.

Restauration

Couvert, horaires...

Conformément à la loi, le pain et le couvert *(pane e coperto)* doivent être inclus dans le prix, mais dans certaines trattorias, et surtout dans les pizzerias, ils sont encore souvent comptés à part. Le déjeuner est généralement servi de 12h30 à 14h30, et le dîner de 19h30 à 23h30. Le jour de fermeture hebdomadaire est variable. Au mois d'août, beaucoup de restaurants et de trattorias ferment. Le vendredi et le samedi, il est conseillé de réserver.

Manger sur le pouce

Les pressés, ou les petits budgets, se rabattront sur une *pizza al taglio* (à la part) ou un *panino*. On vous servira aussi la *piadina* ou ses différentes variantes. Il s'agit d'une sorte de galette de pain servie tiède, que l'on accommode avec de la charcuterie, du fromage ou des légumes. Une autre solution consiste à profiter de l'**aperitivo** : dans certains bars, à l'heure de l'apéritif, vers 18h30-19h, on commande un verre de vin entre 6 et 15 € et l'on se sert à volonté en amuse-gueules consistants disposés sur le comptoir.

Les prix

Les prix varient en fonction de l'établissement et du menu, mais il faut tenir compte que Milan est une ville très chère. Il vous en coûtera environ 15 € pour une pizza et une boisson.
Dans une trattoria, vous ferez un bon repas pour env. 30 € si vous prenez un hors-d'œuvre, un plat de pâtes et un dessert. En règle générale, un *antipasto* coûte environ 7 €, un plat de pâtes de 8 à 10 € et un plat de viande ou de poisson de 12 à 18 €, l'accompagnement *(contorno)* étant servi à part.
Comptez au moins 40 € dans un restaurant de qualité et jusqu'à 50 € si vous choisissez du poisson. Vous pouvez commander une bonne bouteille de vin pour 15 à 20 € et un vin en pichet de 50 cl pour 5 à 7 €. À ces prix s'ajoutent le couvert, le pain et l'eau minérale (de 3 à 6 €). Le service est compris mais vous pouvez toujours laisser un pourboire.

Tabac

Depuis 2005, l'Italie a adopté des mesures draconiennes visant à **interdire de fumer dans les lieux publics** ainsi que dans les restaurants et les bars.

Téléphone

Les cabines publiques, gérées par Telecom Italia, sont toutes équipées de téléphones acceptant les cartes de crédit, et les cartes téléphoniques *(scheda telefonica)* sont en vente dans les bureaux de poste ou de tabac (ces derniers sont signalés par un panonceau à T blanc sur fond noir).

Appels internationaux

Appels vers l'Italie :
– 00 + 39 + numéro du correspondant

avec le zéro pour les numéros fixes et sans le zéro pour les portables. Notez que la longueur des numéros de téléphone italiens varie de 5 à 8 chiffres selon les régions. Les numéros de mobiles commencent par 3.
Appels depuis l'Italie :
– vers la France : 00 + 33 + le n° du correspondant sans le 0 initial ;
– vers la Belgique : 00 + 32 + n° de la zone sans le 0 + n° du correspondant ;
– vers le Luxembourg : 00 + 352 + n° de la zone sans le 0 + n° du correspondant ;
– vers la Suisse : 00 + 41 + n° de la zone sans le 0 + n° du correspondant ;
– vers le Canada : 00 + 1 + n° de la province + n° du correspondant.

Appels à l'intérieur du pays

Dans Milan même, composer 02 + n° du correspondant. Vers une autre ville, composer l'indicatif de la ville commençant toujours par 0 + n° du correspondant.

Transports

Transports en commun

Le réseau de bus, tramway et métro de Milan est géré par ATM. ✆ 800 80 81 81 *(n° vert depuis l'Italie)* - www.atm-mi.it. Les billets s'achètent dans les stations de métro, bureaux de tabac, kiosques à journaux et cafés. Le ticket (1,50 €) est valable 90mn, sauf dans le métro, où il n'est valable que pour un trajet. Billets 24h ou 48h à 4,50 € et 8,25 €.
Bus et tramways circulent env. de 5h30 à 1h, les 3 lignes de métro de 6h à 0h30. Certaines lignes de tramways et de trolleybus sont en service toute la nuit.
La **ligne 1** du tramway suit un parcours dans le centre-ville, de l'Arc de la Paix (parco Sempione) aux jardins Montanelli (corso Venezia).

Bus touristiques

City sightseeing Milano – Ces autobus à toit ouvert effectuent deux circuits. La ligne A explore le nord du centre-ville jusqu'à la Stazione Centrale, la ligne B arrive aux Navigli. Départ piazza Castello, service 9h15-17h15, 20 € (ligne A+B, validité 48h). ✆ 02 86 71 31 - www.milano.city-sightseeing.it.

Taxi

Les taxis milanais sont de couleur blanche. Radio taxi – ✆ 02 85 85, 02 40 40 ou 02 69 69.

Voiture

Du lundi au vendredi (7h30-19h30), le centre *(cerchia dei bastioni)* devient « **Ecopass Area** », c'est-à-dire payant pour certains types de véhicules : la circulation est possible et gratuite pour les voitures à essence et diesel (norme euro 4), les autres peuvent circuler uniquement si elles sont équipées d'une « Ecopass Card », en vente dans les kiosques et bureaux de tabac, et sur Internet. Tarifs en fonction du classement de la voiture et de la durée de l'abonnement. La situation est cependant en évolution et l'Ecopass Card sera peut être appliquée à toutes les voitures. Se renseigner sur www.comune.milano.it/dseserver/ecopass.

En vélo

Dans le centre-ville se trouvent les bicyclettes jaunes du service **BikeMi**. Tarif 1 journée : 2,50 € + 0,50 €/30mn

(30 1res mn gratuites, 2h max consécutives). S'adresser aux Points ATM du Duomo, Cadorna, Loreto, Romolo, Centrale FS, Garibaldi FS. ✆ 800 80 81 81 *(n° vert depuis l'Italie)* - www.bikemi.com.
Pour télécharger le guide sur la Lombardie à vélo *(Lombardia in bici)* : www.regione.lombardia.it.

Se garer

Le stationnement dans presque toute la ville est réglementé et payant. Les bandes de couleur jaune indiquent un emplacement réservé aux riverains, celles de couleur bleue un stationnement à durée limitée, sous condition de garder bien en vue la **carte « gratta e sosta »** autorisant le stationnement. Sur la carte, sont indiquées la date et l'heure du début du stationnement. Chaque carte (2 €) est valable une heure durant la journée (8h-19h) et 5h après 19h et le dimanche. En vente auprès des gardiens de parking, des tabacs et de certains kiosques.
En cas d'**enlèvement de votre voiture**, contactez la police municipale : piazza Beccaria 19 - ✆ 02 77 27 02 80.

Navigation sur les lacs

Il existe également un billet de libre circulation pour les lacs Majeur, de Côme et de Garde, valable une journée. Croisières nocturnes en été. Pour toute information : www.navigazionelaghi.it.
Lac Majeur – Excursions principales : passage d'Arona ou d'Angera à Locarno avec déjeuner à bord ; de Stresa ou de Laveno vers les îles Borromées et la villa Taranto ; transport de voitures entre Intra et Laveno et vice versa.
Lac de Côme – Liaisons quotidiennes au départ de Côme vers Tremezzo, Cadenabbia, Bellagio, Menaggio, Varenna, Bellano, Dongo et Colico ; 5 départs par jour entre Bellagio et Lecco ; transport de voitures entre Bellagio, Varenna, Menaggio et Cadenabbia.
Lac de Garde – Promenades de Desenzano ou de Peschiera à Riva del Garda, avec possibilité de déjeuner à bord. Excursions pour Sirmione, Gardone, Salò et Limone. Passage des voitures entre Maderno et Torri et vice versa.
Lac d'Iseo – Tour du lac au printemps et en été, avec départ le matin (de Sarnico, Iseo ou Lovere) et retour dans la soirée ; durée : 7h env. ; arrêt à Monte Isola ; possibilité de déjeuner à bord. Pour toute information, s'adresser à l'office du tourisme d'Iseo : Lungolago Marconi, 2 - ✆ 030 98 02 09 - www.comune.iseo.bs.it

Bernina Express

Ce train voisine les plus belles cimes des Alpes. Les points de départ et d'arrivée sont **Tirano**, dans la Valteline et Coire, en Suisse. En 2010, le Bernina Express a fêté son centième anniversaire. Pour toute information : www.rhb.ch (en français).

Visites

La carte **AmaMi Card** (25 € ; valable 48 h ; www.turismo.milano.it/) donne libre accès à 19 musées de Milan, au réseau des transports en commun et à des réductions sur les services touristiques. Principaux points de vente : points ATM du Duomo, Cadorna et Garibaldi ; pinacothèque de Brera ; Castello Sforzesco et musée de la Science et de la Technologie.

Agenda culturel

JANVIER

➔**Corteo dei Magi** *(Défilé des Mages)* – Le 6 janvier, jour de l'Épiphanie, un défilé costumé parcourt les rues, du Duomo à Sant'Eustorgio.

➔**Fashion Week** – Présentation des collections de mode masculine automne-hiver à la fin du mois (mode féminine fin février), des collections printemps-été fin juin (hommes) et fin septembre (femmes).

FÉVRIER

➔**Capodanno cinese** *(Nouvel An chinois)* – Spectacles, concerts et défilés costumés sur la via Paolo Sarpi, le cœur de la Chinatown milanaise.

FÉVRIER/MARS

➔**Carnaval Ambrosiano** – Le plus long d'Italie. Grand défilé organisé le samedi qui suit le mercredi des Cendres.

AVRIL

➔**Salon international du meuble et Design Week** – À la mi-avril, cet événement transforme les galeries, les bars et les restaurants en lieux de rencontre joyeusement bondés. La presse donne le calendrier des manifestations. www.cosmit.it.

➔**Marathon Stramilano** – Des dizaines de milliers de coureurs traversent la ville. www.stramilano.it.

➔**MiArt (Fiera internazionale d'arte moderna e contemporanea)** – Pour les passionnés d'art moderne et contemporain. www.miart.it.

MAI

➔**Cortili Aperti** – Le temps d'une journée (un dimanche), les plus belles cours de palais milanais sont ouvertes gratuitement au public. www.italiamultimedia.com/cortiliaperti.

MAI/JUIN

➔**Giro d'Italia** – Arrivée du grand tour cycliste d'Italie.

JUIN

➔**Festa dei Navigli** – *1er dim.* Fêtes, défilés et concerts le long des Navigli. Éclairage nocturne.

➔**La Bella Estate** – Festival pluridisciplinaire avec concerts, théâtre, danse et spectacles culturels. www.comune.milano.it.

AOÛT

➔**Settimane musicali** – Musique symphonique à Stresa et dans d'autres localités près du lac Majeur. www.stresafestival.eu.

SEPTEMBRE

➔**MiTo Settembre Musica** – Entre Milan et Turin, jazz, musiques du monde, musique classique et musiques d'avant-garde. www.mitosettembremusica.it.

➔**Gran Prix d'Italie F1** – *2e dim.* Circuit de Monza. www.monzanet.it.

DÉCEMBRE

➔**Prima della Scala** *(fête de saint Ambroise, patron de Milan)* – Le 7 décembre, grande soirée de gala pour l'ouverture de la saison du théâtre milanais. www.teatroallascala.org.

➔**Foire des « Oh bej, oh bej ! »** – *7 déc.* Le nom signifie « Les beaux, les beaux ! » Marché de Noël avec vente de produits artisanaux, brocante et spécialités régionales autour de Sant'Ambrogio.

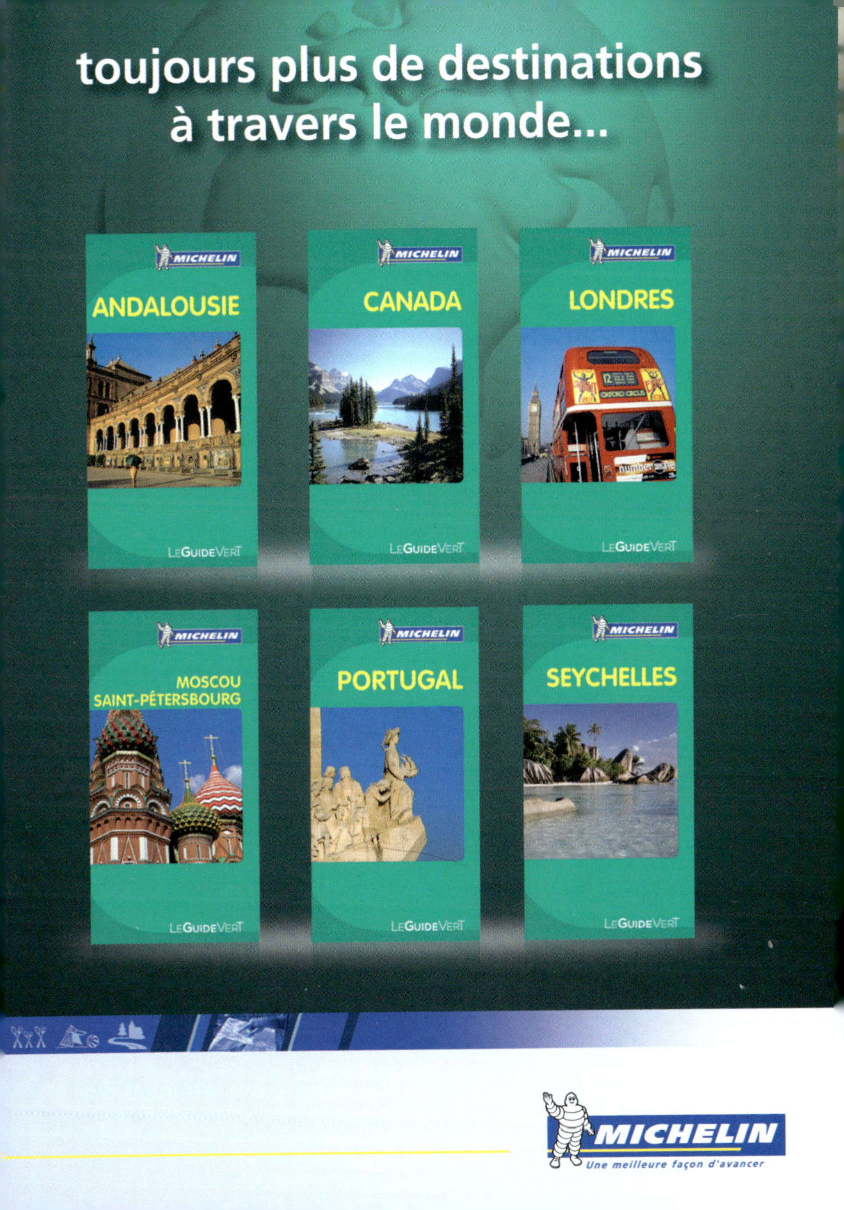

toujours plus de destinations
à travers le monde...
MICHELIN
ANDALOUSIE
LE GUIDE VERT
MICHELIN
CANADA
LE GUIDE VERT
MICHELIN
LONDRES
LE GUIDE VERT
MICHELIN
MOSCOU
SAINT-PÉTERSBOURG
LE GUIDE VERT
MICHELIN
PORTUGAL
LE GUIDE VERT
MICHELIN
SEYCHELLES
LE GUIDE VERT
MICHELIN
Une meilleure façon d'avancer

Milan ou la passion de de la mode.

Carassale Matteo/Sime/Photononstop

Nos adresses

Se loger

L'hébergement à Milan est cher, en particulier dans la zone du quadrilatère de la mode, de la Scala et de Brera, qui n'abritent que des établissements de luxe. Par ailleurs, les prix peuvent varier du simple au quadruple selon la période. Lors des grands salons et des foires (*calendrier sur www.fieramilano.com*), il est quasi impossible de trouver une chambre au pied levé dans un rayon de 20 km. Par ailleurs, beaucoup d'établissements sont fermés en août.

Residence Atahotels – *02 89 52 61 - www.atahotels.it.* Les résidences de cette chaîne se distinguent par leurs emplacements stratégiques dans la ville de Milan. Studio, duplex ou triplex modernes et bien équipés.

Les adresses sélectionnées sont repérables sur le plan à l'intérieur de la couverture grâce à des pastilles numérotées (ex. 1) placées ci-après devant le nom de chaque établissement.

Duomo - Castello Sforzesco

DE 90 À 150 €

1 **Albergo Rio** – **Plan général E5** - *Via Mazzini 8 - Duomo - 02 87 41 14 - fax 02 86 56 89 - www.albergorio.it - 39 ch.* Un hôtel central avec chambres très simples. Pour un séjour plus calme demandez celles qui donnent sur la cour ou situées aux étages les plus élevés.

2 **Hotel London** – **Plan général D4** - *Via Rovello 3 - Cairoli - 02 72 02 01 66 - fax 02 80 57 037 - www.hotellondonmilano.com.* Au cœur du quartier médiéval, un petit hôtel de charme d'un excellent rapport qualité-prix. Ambiance familiale, dans un contexte sobre et élégant.

DE 150 À 250 €

4 **Rovello** – **Plan général D4** - *Via Rovello 18 - Cairoli - 02 86 46 46 54 - www.hotel-rovello.it - 10 ch.* Petit hôtel familial, situé à deux pas de la via Dante et du Castello Sforzesco. Aménagements simples mais confortables, tant dans les chambres que dans les espaces communs.

PLUS DE 250 €

5 **Antica Locanda dei Mercanti** – **Plan général D4** - *Via San Tomaso 6 - Cordusio - 02 80 54 080 - www.locanda.it - 10 ch.* Hôtel de taille modeste mais accueillant, décoré avec élégance et sobriété. Les chambres, amples et lumineuses, disposent pour la plupart d'une terrasse.

Pinacoteca Ambrosiana et vieux Milan

DE 150 À 250 €

3 **Gran Duca di York** – **Plan général D5** - *Via Moneta 1 - Duomo - 02 87 48 63 - www.ducadiyork.com - 33 ch.* Dans un palais du 18e s., le Gran Duca di York est un hôtel tranquille, aux couleurs chaudes et lumineuses et à l'élégance classique.

Porta Ticinese et Navigli

PLUS DE 250 €

6 **Nhow Milano** – Plan général A7 - *Via Tortona 35 - ✆ 02 48 98 861 - fax 02 48 98 86 489 - www.nhow-hotels.com - 245 ch.* Au cœur du Milan du design, l'hôtel reflète l'atmosphère du quartier en pleine mutation. Les couleurs, les plafonds en verre, les jeux de lumière et la créativité dans le décor en font plus qu'un simple lieu de séjour.

Corso Magenta et Sant'Ambrogio

DE 150 À 250 €

7 **Hotel Ariosto** – Plan général A4 - *Via Ariosto 22 - Ⓜ Conciliazione - ✆ 02 481 78 44 - www.hotelariosto.com - 48 ch.* L'hôtel offre des chambres confortables dans une gamme de rouge, qui donnent sur l'agréable cour intérieure ou sur l'élégante via Ariosto.

Les quartiers nord

MOINS DE 90 €

8 **Albergo Salerno** – Plan général H2 - *Via Vitruvio 18 - Ⓜ Lima - ✆/fax 02 20 46 870 - www.albergosalerno.it - 19 ch.* Sur deux étages, chambres impeccables dans cet établissement refait à neuf en 2008.

DE 90 À 150 €

9 **Hotel Charly** – Plan général H2 - *Via Settala 76 - Ⓜ Caiazzo ou Lima - ✆/fax 02 20 47 190 - www.hotelcharly.com - 20 ch.* Un établissement très agréable et tranquille, installé dans deux petites villas Liberty. Les chambres, lumineuses et confortables, donnent sur une rue peu passante ou sur le plaisant jardin.

Hors plan

MOINS DE 90 €

Ostello Piero Rotta – Hors plan dir. A2 - *Via Salmoiraghi 1 - Ⓜ QT8 - ✆ 02 39 26 70 95 - www.ostellomilano.it.* Chambres à 2-4 lits avec salle de bains privée et dortoirs avec sanitaires communs.

DE 90 À 150 €

Hotel des Étrangers – Hors plan dir. A6 - *Via Sirte 9 - ✆ 02 48 95 53 25 - fax 02 48 95 53 59 - www.hoteldesetrangers.it - 94 ch.* Chambres fonctionnelles et modernes, à prix raisonnables, dans cet hôtel au calme, proche du quartier des Navigli.

B&B Tara Verde – Hors plan dir. A4 - *Via Delleani 22 - Ⓜ De Angeli - ✆ 02 36 53 49 59 - www.taraverde.it - 3 ch.* Dans une tranquille rue privée au cœur d'un quartier très animé, une charmante villa Liberty avec petit jardin. Chambres très soignées, au confort contemporain.

Hotel San Francisco – Hors plan dir. H2 - *Viale Lombardia 55 - Ⓜ Loreto - ✆ 02 23 60 302 - fax 02 26 68 03 77 - www.hotel-sanfrancisco.it - 28 ch.* Situé dans le quartier de l'université, ce petit hôtel présente un excellent rapport qualité-prix. Demandez une chambre sur le joli jardin intérieur, où l'on sert le petit-déjeuner en été.

DE 150 À 250 €

Vietnamonamour – Hors plan dir. H1 - *Via Pestalozza 7 - Ⓜ Piola - ✆ 02 70 63 46 14 - www.vietnamonamour.com - 4 ch.*

Ce charmant B&B, installé dans une villa de 1903, se caractérise par sa passion pour le Vietnam, comme l'évoquent l'enseigne, le mobilier et l'atmosphère feutrée. Petit-déjeuner dans le jardin. Intime et plaisant, le restaurant propose des plats vietnamiens savoureux, servis l'hiver dans un pavillon.

Town House Street – **Hors plan dir. H4** - *Via Goldoni 33 - ✆ 02 91 43 76 35 - fax 02 71 31 67 - www.townhouse.it - 4 ch.* Un concept d'hébergement tout nouveau : un hôtel sans hall ni réception, avec des chambres s'ouvrant sur la rue comme des vitrines. Décor design et confort contemporain. Check-in dans l'hôtel Town House *(31 via Carlo Goldoni)*.

Région des lacs

LAC MAJEUR

MOINS DE 90 €

Hotel Aquadolce – *Via Cietti 1 -* **Verbania-Pallanza** - *✆ 0323 50 54 18 - fax 0323 557 534 - www.hotelaquadolce.it - 13 ch.* Auberge accueillante et très bien tenue, associant la chaleur de la tradition et la modernité du confort. L'embarcadère, tout comme le centre historique, se trouve à deux pas.

DE 90 À 150 €

Hotel Rigoli – *Via Piave 48 -* **Baveno** - *✆ 0323 92 47 56 - fax 0323 92 51 56 - www.hotelrigoli.com - fermé nov.-Pâques - 34 ch. - rest.* Chambres spacieuses, décorées dans un style moderne avec des couleurs claires. Atmosphère de vacances, surtout sur la terrasse-jardin au bord du lac, d'où l'on jouit d'une très belle vue sur les îles Borromées.

LAC DE CÔME

MOINS DE 90 €

Il Perlo Panorama – *Via Valassina 180, à 2,5 km du centre de* **Bellagio** *sur la route de Côme - ✆ 031 95 02 29 - www.ilperlo.com - 13 ch.* Vue magnifique pour cet hôtel situé au-dessus de la pointe séparant les deux branches du lac. Chambres impeccables avec balcon ou charmants studios équipés.

Locanda Sant'Anna – *Via per Schignano, 152 -* **Argegno** *- 20 km au nord de Côme en dir. de Menaggio - ✆ 031 82 17 38 - fax 031 82 20 46 - www.locandasantanna.net - fermé 23-30 déc. - 9 ch. - rest.* À l'entrée du hameau, juste à côté du Santuario di Sant'Anna, cet hôtel ravira les amateurs de calme avec son grand jardin bordant le lac. Chambres bien équipées et demi-pension possible.

LAC DE GARDE

MOINS DE 90 €

Hotel Vittoria – *Viale Dante 39 -* **Riva del Garda** - *✆ 04 64 55 92 31 - fax 04 64 55 79 07 - www.hotelvittoriariva.it - 11 ch.* Au cœur de la vieille ville, un hôtel accueillant et agréable. Au rez-de-chaussée se trouve le restaurant de style bavarois Kapuziner am See.

DE 90 À 150 €

Hôtel Pace – *Piazza Porto Valentino 5 -* **Sirmione** - *✆ 030 99 05 877 - www.pacesirmione.it - fermé 2 nov.-20 déc. - 22 ch.* Cette demeure du début 20e s., qui a accueilli quelques hôtes illustres, dont James Joyce et Ezra Pound, se trouve dans le centre historique, en face du lac. Chambres bien équipées avec confortable coin salon. Jardin privé avec transats et un embarcadère sur le lac.

L'hôtel Nhow Milano, au décor design et coloré.

Nhow Milano

Se restaurer

MILAN

Duomo - Castello Sforzesco

➔DÉJEUNER

MOINS DE 25 €

12 **Luini Panzerotti** – Plan général E5 - *Via Santa Radegonda 16 - Duomo - 02 86 46 19 17.* Un authentique spécialiste du *panzerotto*, spécialité des Pouilles : pâte farcie avec tomate et fromage, à manger sur le pouce à l'ombre du Duomo.

14 **La Rinascente** – Plan général F5 - *Via Santa Radegonda 1 - Duomo - 02 88 52 455 - www.rinascente.it.* Le 7e étage du grand magasin le plus chic de Milan est consacré aux food and restaurants, dans toutes ses déclinaisons : food market, sushis, produits du terroir, vins, sandwichs, gâteaux, etc. Cuisine italienne et internationale tutoient les pinacles de la cathédrale.

➔DÎNER

DE 50 À 70 €

ATMosfera – *800 80 81 81 ou 02 48 03 95 32 - atmosfera@p2000.it - www.atm-mi.it, section Altri Servizi - réserv. au moins 3 j. à l'avance.* Dîner à bord d'un vieux tram aménagé et décoré à la manière de l'*Orient-Express*. Départ de piazza Castello à 20h *(durée env. 2h)*. Le service est organisé par ATM, la société qui gère les transports publics milanais.

La Scala - Corso Venezia

➔DÉJEUNER

MOINS DE 25 €

15 **Emporio Armani Caffè** – Plan général F4 - *Via Croce Rossa 2 - Montenapoleone - 02 72 31 86 80.* Le café du mégastore Armani vous attend pour le petit-déjeuner, le lunch, l'apéritif ou le dîner. Luxe sans ostentation et bonne cuisine italienne.

➔DÎNER

PLUS DE 70 €

8 **Armani/Nobu** – Plan général F4 - *Via Pisoni 1 - Montenapoleone - 02 62 31 26 45 - www.armaninobu.it - fermé dim. midi.* Mariage de la mode et de la gastronomie : cuisine japonaise « fusion », agrémentée de touches sud-américaines dans un décor raffiné et sobre, d'inspiration nipponne.

7 **Trussardi alla Scala** – Plan général E4 - *Piazza della Scala 5 - Duomo - 02 80 68 82 01 - www.trussardiallascala.it - fermé sam. midi, dim. et 1er lun. du mois, sam. soir en juil.* Dans les espaces élégants de Palazzo Trussardi, Andrea Berton propose une cuisine pure et linéaire, créativité limpide et excellents ingrédients. Au rez-de-chaussée, le plus informel Café Trussardi vous attend pour un déjeuner rapide mais raffiné.

Brera et Garibaldi

➔DÉJEUNER

MOINS DE 25 €

19 Ōbikā Mozzarella Bar – **Plan général D4** - *Via Mercato 28 - Lanza - ✆ 02 86 45 05 68 - www.obika.it.* Pas de japonais ici : *ōbikā* dans le dialecte napolitain signifie « et voilà ». Dans un décor design, en bois, verre et métal, une initiation aux différentes variétés de *mozzarella di bufala*.

DE 25 À 50 €

20 10 Corso Como Café – **Plan général E2** - *Corso Como 10 - Garibaldi - ✆ 02 29 01 35 81 - www.10corsocomo.com.* Installé dans le complexe de Carla Sozzani, le café est meublé dans un style minimaliste et raffiné, représentatif de l'élégance milanaise.

Pinacoteca Ambrosiana et vieux Milan

➔DÉJEUNER

MOINS DE 25 €

18 Peck – **Plan général E5** - *Via Spadari 7 - Duomo - ✆ 02 80 23 161 - www.peck.it - fermé dim. et lun. midi.* Se promener dans cette épicerie fine est un régal pour les yeux. Au premier étage, sandwichs et plats préparés.

DE 25 À 50 €

17 La Vecchia Latteria – **Plan général E5** - *Via dell'Unione 6 - Missori - ✆ 02 87 44 01 - fermé le soir.* Tout près du Duomo, un restaurant minuscule où l'on déguste une cuisine savoureuse, essentiellement végétarienne.

➔DÎNER

DE 25 À 50 €

1 Trattoria Milanese – **Plan général D5** - *Via Santa Marta 11 - Cordusio - ✆ 02 86 45 19 91 - fermé mar.* Ouvert en 1919, ce petit restaurant sert une cuisine excellente dans un cadre typique de trattoria milanaise. Spécialités régionales comme le risotto au safran ou la fameuse escalope milanaise.

Ca' Granda et anciens canaux

➔DÉJEUNER

MOINS DE 25 €

13 Bar della Crocetta – **Plan général F6** - *Corso di Porta Romana 67 - Crocetta.* Voici un paradis pour amateurs de sandwichs (chers mais très bons). Certains atteignent des dimensions impressionnantes.

DE 25 À 50 €

16 Bottiglieria da Pino – **Plan général F5** - *Via Cerva 14 - San Babila - ✆ 02 76 00 05 32 - fermé le soir et dim.* Malgré son emplacement dans un quartier commercial et financier, cette trattoria classique a su conserver intact son caractère populaire, avec une cuisine généreuse et des prix corrects.

➔DÎNER

DE 25 À 50 €

2 Giulio Pane e Ojo – **Plan général G7** - *Via Muratori 10 - Porta Romana - ✆ 02 54 56 189 - www.giuliopaneojo.com - fermé dim. - réserv. indispensable le soir.* Taverne au cadre rustique, tenue par de jeunes restaurateurs concoctant une cuisine romaine prisée.

3 Giacomo Bistrot – **Plan général H5** - *Via Pasquale Sottocorno 6 - ✆ 02 76 02 26 53 - www.giacomomilano.com - 12h-24h.* Ambiance feutrée pour ce bistrot raffiné qui propose une cuisine internationale non-stop, de midi à minuit. Banquettes de velours, éditions cuivrées dans la bibliothèque et lumière tamisée.

DE 50 À 70 €

6 Gold – **Plan général H4** - *Piazza Risorgimento angle via Poerio - ✆ 02 75 77 771 - www.dolcegabbanagold.it - fermé midi.* Ce restaurant signé Dolce&Gabbana, avec bistrot et bar américain, propose une cuisine traditionnelle dans une salle de luxe (dorée comme il se doit !), typiquement D&G. Un must pour s'imprégner du côté fashion de la ville.

Porta Ticinese et Navigli

➔DÎNER

MOINS DE 25 €

5 Trattoria Madonnina – **Plan général D7** - *Via Gentilino 6 - ✆ 02 89 40 90 89 - fermé dim. et lun.-merc. soir.* Une trattoria typique, au décor début 20e s. Possibilité de manger sous la tonnelle.

DE 25 À 50 €

10 Al Pont de Ferr – **Plan général B7** - *Ripa di Porta Ticinese 55 - Porta Genova - ✆ 02 89 40 62 77 - www.alpontdeferr.it.* Dans le quartier bohème des Navigli, la cuisine de ce restaurant rime avec une subtile recherche gastronomique : technique raffinée à prix accessible.

4 Langosteria 10 – **Plan général B6** - *Via Savona 10 - Porta Genova - ✆ 02 58 11 16 49 - www.langosteria10.it.* Décor marin éclectique pour cet établissement qui propose des plateaux de fruits de mer – et des spécialités méditerranéennes. Ambiance décontractée et bon accueil.

Corso Magenta et Sant'Ambrogio

➔DÎNER

DE 25 À 50 €

11 Pane Acqua – **Plan général B5** - *Via Bandello 14 - Conciliazione - ✆ 02 48 19 86 22 - www.paneacqua.com - fermé dim. et lun. midi, le w.-end en juil.* Un petit restaurant-bistrot original où, grâce à un partenariat avec une galerie d'art moderne, l'ameublement et le décor changent régulièrement. La cuisine, contemporaine et créative, demeure quant à elle toujours aussi savoureuse.

Les quartiers nord

➔DÎNER

DE 25 À 50 €

9 Bon Wei – **Plan général A1** - *Via Castelvetro 16/18 - ✆ 02 34 13 08 - www.bon-wei.it - fermé lun. midi.* À deux pas de la Chinatown milanaise, un établissement raffiné proposant une cuisine cantonaise créative. Sans doute le meilleur restaurant ethnique de Milan.

Hors plan

➔DÉJEUNER

MOINS DE 25 €

Dulcis in Fundo – **Hors plan dir. G1** - *Via Zuretti 55 - ✆ 02 66 71 25 03 - www.dulcisinfundo.it - fermé dim., lun. et le soir sf jeu. -* ⌀. Dans un ancien hangar, ce restaurant à la déco comme à la maison présente un fouillis original de chaises et de tables de tous styles. Plus de

Gold, le restaurant Dolce&Gabbana.

100 recettes de tartes, salées et sucrées, et quelques plats savoureux. Le jeudi, le dîner est grandiose ! Brunch le samedi.

DE 50 À 75 €

Iyo – **Hors plan dir. A1** - *Via Piero della Francesca 74 - ☏ 02 45 47 68 98 - www.iyo.it - fermé lun.* L'ukiyo (littéralement « monde flottant » en japonais) propose sushis, sashimis et cuisson sur plaque. On retourne en Occident pour les desserts, à choisir sur un plateau attrayant.

➔DÎNER

DE 25 À 50 €

Casa Fontana-23 Risotti – **Hors plan dir. F1** - *Piazza Carbonari 5 - Ⓜ Sondrio - ☏ 02 67 04 710 - www.23risotti.it - fermé lun., sam. midi.* Cet établissement mérite le détour, comme ses risottos préparés en 25mn, vite oubliées lorsque le plat arrive.

RÉGION DES LACS

LAC MAJEUR

➔DÉJEUNER

DE 25 À 50 €

Café delle Rose – *Via Ruga 36 -* **Verbania Pallanza** - *☏ 0323 55 81 01 - fermé dim. mai-sept. -* ~~💳~~. Atmosphère « fin de siècle » et décor en grande partie d'époque pour ce restaurant proposant un menu à prix attractif et différents plats à la carte. Le soir, il se transforme en bar à vins où l'on mange sur le pouce.

➔DÎNER

DE 25 À 50 €

Osteria del Castello – *Piazza Castello 9 -* **Verbania Intra** - *☏ 0323 51 65 79.* Un endroit remarquable, situé en plein centre. Grand choix de vins et cuisine italienne à savourer, l'été sous la pergola

LAC DE CÔME

➔DÎNER

DE 25 À 50 €

Gatto Nero – *Via Monte Santo 69 -* **Rovenna**, *au nord de Cernobbio - ☏ 031 51 20 42 - fermé lun., mar. midi - réserv. conseillée.* Restaurant très fréquenté, du fait de son emplacement sur le lac et face aux montagnes. Petites salles rustiques très chaleureuses. Vue extraordinaire depuis la terrasse ouverte l'été. Cuisine traditionnelle et produits de la mer.

Osteria il Pozzo – *Piazza Garibaldi -* **Menaggio** - *☏ 03 44 32 333 - fermé merc.* Agréable trattoria proposant plats copieux et savoureux, inspirés du Frioul. Bon rapport qualité-prix.

LAC DE GARDE

➔DÉJEUNER

MOINS DE 25 €

Al Caciosalume – *Via Antiche Mura 16 -* **Sirmione** - *☏ 030 91 93 31 - réserv. conseillée.* À Colombare, dans un quartier résidentiel de Sirmione, un lieu original qui conjugue charcuterie, bar à vins et cuisine inventive.

➔DÎNER

DE 25 À 50 €

Villa Aurora – *Via Ciucani, 1/7 -* **Soiano del Lago** - *10 km au nord de Desenzano sur la S 572 - ☏ 03 65 67 41 01 - fermé merc.* Un très bon rapport qualité-prix pour ce restaurant où l'on savoure une bonne cuisine mêlant tradition et fantaisie. Une salle avec vue panoramique et une décoration élégante, un brin rustique.

Prendre un verre

Rien de tel après une bonne journée de visite et de shopping qu'un bon *aperitivo* dans les bars de Milan. Grâce à cette tradition on peut, pour un prix forfaitaire (généralement entre 6 et 15 € selon la catégorie du bar), boire un verre et profiter d'un buffet apéritif riche en charcuteries, légumes crus et autres amuse-gueules typiquement italiens. Une formule idéale qui, à l'occasion, peut très bien remplacer le dîner. La ville recèle également de bonnes adresses pour une pause légère à midi, ou gourmande l'après-midi. Vous trouverez notre sélection ci-dessous.

Duomo - Castello Sforzesco

BarBianco – Plan général C3 - *Viale Ibsen 4 - Parco Sempione - Lanza - 02 86 99 20 26 - www.bar-bianco.com - mai-oct.* Une adresse entourée de verdure, au centre du Parco Sempione. L'endroit idéal pour boire un verre pendant les chaudes soirées d'été.

Caffè Zucca – Plan général E5 - *Galleria Vittorio Emanuele II - Duomo - 02 86 46 44 35.* Ouvert en 1867 en même temps que la Galleria, ce café fut fréquenté par Giuseppe Verdi, Arturo Toscanini, Giacomo Puccini et le roi Umberto I. L'intérieur Art nouveau a été dessiné par Angelo d'Andrea en 1915. Cette institution milanaise fut reproduite par le futuriste Boccioni dans son œuvre *Rixe dans la galerie* (au musée de Brera).

Triennale Design Cafè – Plan général C3 - *Viale Alemagna 6 Parco Sempione - Cadorna - 02 87 54 41 - fermé lun.* Installé dans un lieu qui est un hommage au Milan de la mode et du design, ce café très clair et agréable au cœur du parco Sempione est une bonne adresse pour un apéritif ou pour un brunch le dimanche *(réserv. conseillée).*

La Scala - Corso Venezia

Café Trussardi – Plan général E4 - *Piazza della Scala 5 - Duomo - 02 80 68 82 01.* Au sein du moderne Palazzo Trussardi, au coin du prestigieux théâtre alla Scala. Raffiné et très fréquenté au moment de l'apéritif.

Pasticceria Cova – Plan général F4 - *Via Montenapoleone 8 - San Babila - 02 76 00 55 99 - www.pasticceriacova.it.* Un lieu historique, au cœur de Milan, idéal pour une pause-café.

Brera et Garibaldi

Bulgari – Plan général E4 - *Via privata Fratelli Gabba 7/b - Montenapoleone - 02 80 58 05.* Le prestigieux hôtel Bulgari propose des cocktails délicieux dans une ambiance très zen et dans un jardin ravissant, véritable oasis de paix.

Fioraio Bianchi Caffè – Plan général E3 - *Via Montebello 7 - Moscova - 02 29 01 43 90 - www.fioraiobianchicaffe.it.* Un lieu très romantique, où siroter un apéritif ou prendre un petit café parmi les fleurs, ce lieu ayant la particularité de faire aussi fleuriste.

Radetzky Café – Plan général D3 - *Corso Garibaldi 105 - Moscova - 02 65 72 645.* Un classique de Milan, assez informel, pratique aussi pour un petit-déjeuner ou un brunch.

RivaReno – **Plan général D4** - *Via Mercato 20 - Lanza - 02 89 09 66 31 - www.rivareno.com.* Ce glacier prépare des parfums à la fois délicieux et créatifs. Tentez notamment la glace aux pignons de pin, au chocolat et riz soufflé.

Pinacoteca Ambrosiana et vieux Milan

Pasticceria Panarello – **Plan général E5** - *Via Speronari 3 - Duomo - 02 86 46 22 64 - www.panarello.com.* Une bonne adresse à Milan, créée en 1930, où l'on oublierait presque qu'il s'agit d'une délicieuse pâtisserie génoise.

Ca' Granda et anciens canaux

H Club> Diana – **Plan général H3** - *Hotel Sheraton Diana Majestic - Viale Piave 42 - Porta Venezia - 02 20 581 - fermé en août.* Venez vous prélasser dans les fauteuils sous les arbres du jardin de ce très bel hôtel construit en 1907. L'endroit est splendide. L'*aperitivo,* servi au rythme d'une musique *lounge* est copieux, tout comme le brunch du dimanche.

Porta Ticinese et Navigli

Le Biciclette Bar – **Plan général C6** - *Via Torti 1 - 02 83 94 177 - www.lebiciclette.eu.* Installé dans un ancien magasin de pièces de rechange pour les vélos, ce bar très design est une référence pour un apéritif amusant et tendance, à siroter parmi des œuvres d'art contemporain. Brunch le dimanche.

La Hora Feliz – **Plan général D6** - *Via S. Vito 5, derrière la basilique de S. Lorenzo - Missori - 02 83 76 587.* Un petit coin de Cuba à Milan, avec un grand choix de cocktails et des *stuzzichini*, petits plats qui ici sont plutôt copieux.

Corso Magenta et Sant'Ambrogio

Bar Magenta – **Plan général C5** - *Via Carducci 13 - Cadorna - 02 86 99 50 32.* L'un des bars les plus célèbres de Milan, fréquenté, selon les années et les modes, par des générations diverses. Cela vaut la peine d'y prendre l'apéritif et de regarder autour de soi : le comptoir figure parmi les meubles les plus typiques de l'établissement, à l'atmosphère Liberty.

Chocolat – *Via Boccaccio 9* - **Plan général C4** - *Cadorna - 02 48 10 05 97.* Tout près de Santa Maria delle Grazie. Fantastique déclinaison de parfums au chocolat chez ce glacier au caractère moderne. À conseiller, la crème au citron.

Palazzo delle Stelline – *Corso Magenta 61* - **Plan général B5** - *Cadorna.* Entrez dans ce palais pour découvrir les cloîtres, commander un sandwich ou une salade au bar et les déguster dans le ravissant jardin, petit coin verdoyant et insoupçonné au cœur de la ville.

Pasticceria Marchesi – **Plan général D5** - *Via S. Maria alla Porta 11/a - Cairoli - 02 86 27 70 - www.pasticceriamarchesi.it - fermé dim. apr.-midi et lun.* Fondée en 1824, elle conserve mille détails pleins de charme rétro et des douceurs à en perdre la tête, comme les savoureux chocolats et les fruits confits.

Triennale Design Cafè, un lieu branché du centre.

Les quartiers nord

Il Massimo del Gelato – **Plan général A1** - *Via Castelvetro 18* - *02 34 94 943.* Dans le quartier Sempione, ce glacier attire la clientèle des quatre coins de la ville. Parfums nombreux et originaux aux notes chocolatées, et autres délices.

Hors plan

Bar Basso – **Hors plan dir. H2** - *Via Plinio 39* - *Lima* - *02 29 40 05 80.* C'est ici que fut inventé le Negroni *sbagliato* (« raté »), un cocktail composé de vermouth rouge, de Campari et de gin. Pour le « rater », on remplace le gin par du mousseux. À goûter.

Bistrot Bovisa – **Hors plan dir. A1** - *Via Lambruschini 31* - *02 36 57 78 28* - *www.bovisa.triennale.org.* Dans le quartier moderne et encore en travaux de la Bovisa, ce bar-restaurant très épuré qui fait part du complexe de la Triennale Bovisa est l'adresse idéale pour une pause après la visite des expositions, un *aperitivo* ou un brunch le dimanche.

Sortir

Milan est l'une des scènes artistiques et culturelles les plus vivantes au monde. Les plus grands interprètes de musique classique, rock, jazz, de musique klezmer et de théâtre s'y produisent chaque année. Les programmes des spectacles sont disponibles sur www.vivimilano.it ou dans *Vivimilano*, le supplément du mercredi du *Corriere della Sera*.

Duomo - Castello Sforzesco

BARS ET CLUBS

Living – **Plan général B3** - *Piazza Sempione 2* - *02 33 10 08 24* - *www.livingmilano.com.* Face à l'arc de triomphe de la Paix, de grands divans vous accueillent au son d'une musique *chillout* et dans un cadre recherché. Beau buffet pour l'*aperitivo.*

La Scala - Corso Venezia

MUSIQUE CLASSIQUE

Teatro alla Scala – **Plan général E4** - *Piazza Scala* - *Duomo* - *02 02 88 791* - *www.teatroallascala.org - rens. au métro Duomo, réserv. 02 86 07 75 (24h/24) ou sur Internet.* Une étape obligatoire pour les amateurs d'opéra, mais il faut réserver très longtemps à l'avance et les prix élevés ne garantissent pas toujours un bon angle de vue. La saison s'ouvre à la Sant'Ambrogio (7 décembre).

Brera et Garibaldi

THÉÂTRE

Piccolo Teatro – **Plan général D3/4** - *02 42 41 18 89* - *www.piccoloteatro.org.* Fondé en 1947 par deux grands noms de la scène italienne – Paolo Grassi et

Giorgio Strehler –, le « Piccolo » dispose aujourd'hui de trois salles permettant de varier programmations classique et expérimentale.
Théâtre Strehler - largo Greppi - Lanza, Théâtre Grassi - via Rovello 2 - Cordusio, Théâtre Studio - via Rivoli 6 - Lanza.

CINÉMA

Anteo Spazio Cinema – **Plan général E2** - *Via Milazzo 9 - Moscova - 02 65 97 732 - www.spaziocinema.info.* Trois belles salles, avec des films en VO le lundi et des films d'auteur les autres jours. Restaurant, librairie et espace exposition.

BARS ET CLUBS

Blue Note – **Plan général E1** - *Via P. Borsieri 37 - Zara - 02 69 01 68 88 - www.bluenotemilano.com.* Petit frère du fameux Blue Note new-yorkais, le plus célèbre *jazz club* de Milan accueille des artistes renommés pour une programmation éclectique qui comprend jazz, soul, world music et blues.

Hollywood – **Plan général E2** - *Corso Como 15 - 02 65 98 996 - www.discotecahollywood.it.* Le club des mannequins et des stylistes, qui a su garder l'atmosphère des années 1980.

Ca' Granda et anciens canaux

MUSIQUE CLASSIQUE

Conservatorio – **Plan général G5** - *Via Conservatorio 12 - San Babila - 02 76 21 101.* Musique de chambre et musique symphonique avec les plus grands solistes de la scène internationale.

Porta Ticinese et Navigli

MUSIQUE CLASSIQUE

Auditorium di Milano – **Plan général C8** - *Largo Gustav Malher - 02 83 38 94 01 - www.laverdi.org.* Musique classique, jazz, spectacles musicaux et littéraires, spectacles pour enfants, rencontres des artistes.

CINÉMA

Cinema Mexico – **Plan général A7** - *Via Savona 57 - 02 48 95 18 02 - www.cinemamexico.it.* Le jeudi, programmation en VO et tous les vendredis, *The Rocky Horror Picture Show* avec théâtre interactif à la fin de la séance.

BARS ET CLUBS

Le Scimmie – **Plan général C8** - *Via Ascanio Sforza 49 - 02 89 40 28 74 - www.scimmie.it.* Une institution du jazz milanais et italien avec des concerts tous les soirs et des passages de célèbres artistes internationaux. L'été, sur la péniche ancrée juste en face, fonctionnent un bar à vins et une pizzeria.

Hors plan

BARS ET CLUBS

Alcatraz – **Hors plan dir. D1** - *Via Valtellina 25 - Maciacchini - 02 69 01 63 52 - www.alcatrazmilano.com.* Installée dans un espace industriel reconverti, c'est la plus grande discothèque de Milan, utilisée aussi pour défilés, concerts et soirées. Bonne programmation musicale.

Shopping

Les rues commerçantes les plus fréquentées, avec beaucoup de chaînes internationales sont : corso Vittorio Emanuele II, via Dante, via Torino, corso Buenos Aires, corso Vercelli, via Garibaldi et corso Genova.

Duomo - Castello Sforzesco

MODE

La Rinascente – **Plan général E5** - *Via Santa Radegonda 1 - Duomo - 02 88 52 455 - www.rinascente.it - tlj 10h-22h.* Le grand magasin le plus célèbre et le plus chic de Milan regroupe les grandes griffes du prêt-à-porter international.

MAROQUINERIE

Furla – **Plan général F5** - *Corso Vittorio Emanuele à l'angle avec via San Paolo - Duomo - 02 79 69 43 - www.furla.com - tlj 10h30-19h30.* Qualité supérieure, lignes sobres, élégance, fonctionnalité et innovation sont les caractéristiques des collections Furla, maison fondée en 1927 à Bologne.

LIBRAIRIES

Feltrinelli – **Plan général E5** - *Piazza Duomo (via Ugo Foscolo 1/3) - Duomo - 02 86 99 68 97 - www.lafeltrinelli.it - 10h-23h, dim. 10h-20h.* Une librairie gigantesque qui, reliée à RicordiMediastore, met à disposition des clients un espace librairie de 1 500 m^2 et un espace musique de 2 500 m^2. Autres points de vente : Stazione Centrale, piazza Piemonte 2 et corso Buenos Aires 33.

Hoepli – **Plan général E4** - *Via Hoepli 5 - San Babila - 02 86 48 71 - www.hoepli.it -10h-19h30, fermé dim.* Librairie historique de Milan, fondée en 1870 par Ulrico Hoepli et gérée par la même famille. Remarquable sélection d'ouvrages sur le design et l'architecture.

Libreria Rizzoli – **Plan général E5** - *Galleria Vittorio Emanuele II - Garibaldi - 02 86 46 10 71 - www.libreriarizzoli.it - 9h-19h, dim. 10h-20h.* Journaux et magazines étrangers.

La Scala - Corso Venezia

HAUTE COUTURE

Les grandes marques du luxe sont regroupées surtout dans le Quadrilatère de la mode **(plan général F4)** :

Giorgio Armani – *Via Montenapoleone 2 - www.armani.com.*

Dolce&Gabbana – *Via della Spiga 26 (femmes) et Corso Venezia 15 (hommes) - www.dolcegabbana.it.*

Gianfranco Ferré – *Via Sant'Andrea 15 - www.gianfrancoferre.com.*

Krizia – *Via della Spiga 23 - www.krizia.net.*

Missoni – *Via Montenapoleone 8 - www.missoni.it.*

Prada – *Galleria Vittorio Emanuele 63 - www.prada.com.*

Trussardi – *Piazza della Scala 5 et via Sant'Andrea 5 - www.trussardi1911.it.*

Versace – *Via Montenapoleone 11 - www.versace.com.*

Ermenegildo Zegna – *Via Montenapoleone 27 - www.zegna.com.*

Le « Museo », dans le magasin Alessi, la célèbre marque lombarde.

ALESSI

MODE

Max Mara – Plan général F5 - *Piazza del Liberty 4 (corso Vittorio Emanuele II)- San Babila - 02 76 00 88 49 - www.maxmara.com - tlj 9h-19h30.* Une griffe caractérisée par le style décontracté et dynamique.

DMagazine – Plan général F4 - *Via Montenapoleone 26 - Montenapoleone - 02 76 00 60 27 - www.dmagazine.it - tlj 9h30-19h45.* Dans le haut lieu de la mode milanaise, une adresse qui propose articles dégriffés des grandes marques. Autre pointe de vente via Forcella 13 *(plan général B7).*

DESIGN ET MAISON

Alessi – Plan général E4 - *Via Manzoni 14 - Montenapoleone - 02 79 57 26 - www.alessi.com - mar.-sam. 10h-14h, 15h-19h.* Le nouveau *flagship store* de la célèbre marque d'articles ménagers, dessinés par les grands noms de la création industrielle, est un élégant espace de 170 m² reparti en 4 sections, parmi lesquelles le « Museo », qui présente les articles les plus célèbres.

Driade – Plan général F4 - *Via Manzoni 30 - Montenapoleone - 02 76 02 30 98 - www.driade.com - 10h-19h, fermé dim. et lun. mat.* Un magasin magnifique, haut lieu du design avant-gardiste italien.

ē DePadova – Plan général G4 - *Corso Venezia 14 - San Babila - 02 77 72 01 - www.depadova.it - lun. 15h-19h, mar.-sam. 10h-19h.* Un showroom élégant, épuré et lumineux, où depuis presque 60 ans on trouve la meilleure production d'accessoires et meubles du design italien (Castiglioni, Cerri, Magistretti).

Frette – Plan général F4 - *Via Montenapoleone 21 - Montenapoleone - 02 78 39 50 - www.frette.com - 10h-13h et 14h30-19h, fermé dim. et lun. mat.* Maison fondée en 1860, qui propose un linge de maison très raffiné.

Brera et Garibaldi

MODE

10 Corso Como – Plan général E2 - *Corso Como 10 - Garibaldi - 02 65 48 31 - www.10corsocomo.com - 10h30-19h30, fermé lun. mat.* L'espace de la galeriste Carla Sozzani vient de fêter ses 20 ans. Ce lieu d'avant-garde aux allures new-yorkaises abrite une galerie d'art, une librairie, un restaurant, un café, un B&B et le store, qui propose tout genre d'articles tendance, de l'habillement à la parfumerie.

Asap – Plan général D3 - *Corso Garibaldi 104 - 02 65 98 157 - www.asaplab.it - 10h30-19h30 - fermé dim. et lun. mat. As Sustainable As Possible* : ce magasin invite à réfléchir sur la consommation éthique et durable avec des vêtements réalisés en fils et tissus récupérés, fibres 100 % naturelles et produits en cuir tanné avec des tanins végétaux.

Cavalli & Nastri – Plan général E4 - *Via Brera 2 - 02 72 00 04 49 - www.cavallienastri.com - lun.-sam. 10h-19h.* Une boutique ravissante au cœur du quartier de Brera, qui propose robes, chaussures, sacs et bijoux vintage.

Isola della Moda – Plan général E1 - *Via Carmagnola 7 - Garibaldi - 02 87 39 02 45 - www.isoladellamoda.net - 10h30-13h30 et 14h30-19h30, fermé lun.* Dans un quartier très branché et dynamique, cette « île de la mode » est un *shop-sharing* qui réunit les ateliers de jeunes créateurs.

CHAUSSURES

Alfonso Garlando – **Plan général D4** - *Via Madonnina 1 - Lanza - 02 87 46 65 - www.alfonsogarlando.it - 10h-19h30, dim. 11h-13h30 et 14h30-19h, fermé lun. mat.* Depuis 30 ans, haut lieu des chaussures artisanales dans une gamme infinie de modèles et couleurs. Une étape incontournable pour la mariée cherchant chaussure à son pied.

La Vetrina di Beryl – **Plan général E3** - *Via Statuto 4 - Moscova - 02 65 42 78 - 10h-19h, fermé dim.* Si vous collectionnez les chaussures, voilà votre adresse milanaise ! Fondée par Angelo et Barbara Beryl, père et fille, cette boutique propose des modèles étonnants, colorés et originaux.

BIJOUX

Monica Castiglioni – **Plan général E1** - *Via Pastrengo 4 - Garibaldi - 02 87 23 79 79 - www.monicacastiglioni.com - jeu.-sam. 11h-20h.* La fille du designer Achille Castiglioni dessine de merveilleux bijoux, exposés au MoMa de New York et au Victoria and Albert Museum de Londres.

Pinacoteca Ambrosiana et vieux Milan

GASTRONOMIE

Peck – **Plan général E5** - *Via Spadari 7 - Duomo - 02 80 23 161 - www.peck.it - 9h15-19h30, fermé dim. et lun. mat.* Le temple de la gastronomie milanaise. Tout est beau, tout est bon, mais assez cher…

Ca' Granda et anciens canaux

DESIGN ET MAISON

Danese – **Plan général E6** - *Piazza San Nazario in Brolo 5 - Missori - 02 58 30 41 50 - www.danesemilano.com - 10h-13h30 et 14h30-19h, fermé dim. et lun. mat.* Une référence pour les amateurs du design, avec objets de production contemporaine et pièces historiques des grands noms du style industriel italien.

GASTRONOMIE

Eataly – **Plan général H5** - *Sous-sol du grand magasin Coin - piazza Cinque Giornate - 02 92 87 00 66 - www.eataly.it - 10h-20h.* La filiale milanaise de l'Eataly turinois propose, selon la philosophie Slow Food, des produits de qualité venant directement de chez les producteurs.

Porta Ticinese et Navigli

MODE

Frip – **Plan général D6** - *Corso di Porta Ticinese 16 - 02 83 21 360 - www.frip.it - 11h-14h et 15h30-19h30, fermé dim. et lun. mat.* Depuis 15 ans, une adresse incontournable pour un *urbanwear* très branché, avec des articles de niche qui arrivent de Scandinavie et d'Angleterre. Une partie de la boutique est consacrée aux CD et aux vinyles.

LIBRAIRIES

Supergulp – **Plan général B7** - *Ripa di Porta Ticinese 51 - Porta Genova - 02 83 72 216 - www.supergulp.net - 10h-13h et 15h-0h (lun. 20h), fermé dim. mat. et lun. mat.* Un lieu incontournable pour les amateurs de bandes dessinées.

MARCHÉS

Mercatone antiquario dei Navigli – **Plan général BC 7** - *Le long du Naviglio Grande - www.navigliogrande.mi.it.* Chaque dernier dimanche du mois, ce marché d'antiquités constitue une agréable promenade.

Corso Magenta et Sant'Ambrogio

MODE

Marinella Cravatte – **Plan général D5** - *Via Santa Maria alla Porta 5 - Ⓜ Cordusio - ✆ 02 86 46 70 36 - www.marinellanapoli.it - 10h-19h30, fermé dim. et lun. mat.* La filiale milanaise du plus célèbre créateur de cravates d'Italie. La maison, fondée à Naples en 1914, a eu parmi ses clients Luchino Visconti, Gianni Agnelli, Aristote Onassis, J. F. Kennedy et Bill Clinton.

DESIGN ET MAISON

Galleria Rossana Orlandi – **Plan général B5** - *Via Matteo Bandello 16 - Ⓜ Conciliazione - ✆ 02 46 74 47 - www.rossanaorlandi.com - 10h-19h, fermé dim. et lun.* Une ancienne manufacture transformée en espace éclectique et extrêmement branché, où l'on trouve mode, design, artisanat et galerie d'art.

MARCHÉS

Viale Papiniano – **Plan général B6** - *mar. 7h30-13h et sam. 7h30-17h.* Haut en couleur, plutôt ethnique, ce marché, où les Milanais viennent acheter des fruits et des légumes, propose également des grandes marques dégriffées.

Hors plan

MODE

Boggi Factory Store – **Hors plan dir. D1** - *Viale Lancetti 28 - Ⓜ Maciacchini - ✆ 02 69 90 12 07 - www.boggi.it - lun. 15h-19h, mar.-sam. 10h-19h.* Depuis 1939, Boggi propose aux hommes un style classique et chic. Ce magasin d'usine comporte un étage pour les collections en cours et un autre pour les fins de série, vendues à des prix très intéressants.

DESIGN ET MAISON

Kartell Outlet – **Hors plan dir. D8** - *Via delle Industrie 1, Noviglio (autoroute Milano-Genova, sortie Binasco) - ✆ 02 900 121 - www.kartell.it - 10h-13h et 14h-18h - fermé dim. et lun.* L'espace *outlet* de la fameuse maison de décoration est une adresse idéale après les grands salons, où vous trouverez nombre de chaises et de fauteuils. Pour les passionnés, le musée attenant, où Philippe Starck est à l'honneur, retrace l'histoire de l'entreprise en exposant les différentes créations qui en font le succès *(mar.-vend. 14h-18h, fermé août).* Le principal showroom de la maison se trouve via Turati, à l'angle avec la via Carlo Porta *(plan général F3).*

GASTRONOMIE

La Fungheria – **Hors plan dir. A4** - *Via Marghera 14 - Ⓜ Wagner - ✆ 02 439 00 89 - www.lafungheria.com - 9h30-13h30 et 15h30-19h30, fermé dim. et lun. mat.* Vous trouverez ici les meilleurs cèpes (et autres produits italiens de grande qualité : truffes, olives, safran, miel, etc.) et beaucoup d'idées de cadeaux.

La galerie Vittorio Emanuele II, avec sa belle voûte en verre et en acier.

LOUIS VUITTON

La piazza Duomo, qui abrite l'édifice emblématique de la ville.

Jose Fuste Raga/Prisma/age fotostock

Visiter Milan et les lacs

Milan aujourd'hui

Une ville à l'avant-garde

Milan se conjugue au futur, au présent et au passé. Capitale économique et financière de l'Italie, la ville est également un centre mondial de la mode, du design et du bon goût. Son aspect cosmopolite s'accentue de jour en jour à la faveur de transformations urbaines impliquant maints architectes de renommée mondiale – sir Norman Foster, Massimiliano Fuksas, Zaha Hadid, le studio Libeskind, – venus réaménager d'anciennes friches industrielles et façonner le visage du Milan de demain. Métropole restée à taille humaine, Milan n'est pas une ville-musée comme Rome, mais la richesse de son patrimoine historique, souvent insoupçonnée, comblera les amateurs d'art. Pudique, imperméable à la compréhension du voyageur pressé, Milan est une belle élégante, à l'image de ses habitants, toujours tirés à quatre épingles. Une animation intense règne dans ses beaux cafés et bars branchés à l'heure de l'*aperitivo*, ainsi que dans les innombrables rues piétonnes et commerçantes du centre historique. Du quartier intime de Brera au très « fashion » et scintillant Quadrilatère de la mode, Milan est une destination obligée pour qui veut vraiment comprendre l'Italie moderne et goûter une autre forme de *dolce vita*, plus intense et actuelle.

Une ville tout en énergie, où le miracle de la créativité est permanent. Moderne, la chose est entendue. Centre de l'avant-garde industrielle, artistique, financière et politique du pays. Une métropole qui s'est définitivement acquis une réputation de ville sérieuse et travailleuse, mais toujours ouverte aux changements grâce à une incroyable capacité d'innovation.

La recherche de la beauté

Ville esthétique d'abord, avec son Duomo, mais aussi son élégante église Santa Maria delle Grazie, équilibrée et distinguée, comme si l'architecte Bramante avait spécialement embelli cet ensemble pour mieux l'assortir à la très fameuse *Cène* de Léonard de Vinci. Car vous êtes ici dans la patrie du plus illustre des génies de la Renaissance, dont la statue trône face à la Scala.

La capitale lombarde abrite aussi les pinacothèques de Brera et d'Ambrosiana, deux des plus riches musées de peinture du monde.

Mais le culte de la beauté visuelle ne se cantonne pas aux cimaises des musées. Allez donc faire du lèche-vitrine vers la piazza San Babila, avec ses boutiques de mobilier design. L'art décoratif, s'il n'est pas accessible à tous, trouve au moins à Milan son centre du monde. La Semaine mondiale du design (au printemps), qui accueille également le Salon du meuble, est le rendez-vous international obligé des formes multiples de la création.

Milan est, bien sûr, une des capitales de la mode masculine ou féminine, qu'elle célèbre lors des fameux défilés de la Fashion Week. Les innombrables showrooms du Quadrilatero della

Moda (le quadrilatère de la mode) – via della Spiga, via Montenapoleone, via Sant'Andrea, via Manzoni – révèlent aux visiteurs les enseignes Gucci, Prada, Giorgio Armani ou Versace, noms magiques qui évoquent un univers d'élégance et de créativité.

Milan et le football

Milan est aussi la ville des dieux du stade. Ceux du Milan AC ou de l'Inter, dont le spectacle fait perdre parfois contenance aux plus pondérés des *tifosi*. Point culminant des émotions d'une métropole qui s'offre tous les caprices tout en restant raisonnable, le foot, qui mêle beauté du geste et créativité, est peut-être le plus bel apanage d'une ville tout entière en mouvement.

Quartier après quartier

Pas de fleuve, peu de monuments immédiatement reconnaissables, excepté le massif Castello Sforzesco, un relief on ne peut plus plat… Milan offre peu de points de repère. Le **centre historique**, autour du Duomo (cathédrale), est ceinturé par des boulevards construits sur les anciens canaux, aujourd'hui comblés, qui délimitaient la ville romaine et médiévale.

La **cerchia dei Bastioni**, suite de boulevards établis à la place des murailles espagnoles, marque l'expansion de la ville jusqu'au 19e s. et constitue un second cercle concentrique. Cet « hypercentre » est encadré à l'ouest par l'ancienne **Fiera**, à l'est par **Città Studi** (zone universitaire des facultés scientifiques), quartiers caractérisés par de longues avenues résidentielles souvent arborées et bordées par de très beaux bâtiments de style Liberty.

Les **quartiers nord** abritent plusieurs points d'intérêt, tels le Cimitero monumentale et la Stazione Centrale. Quant au cœur de la ville, ses différents quartiers se déploient en corolle de part et d'autre de l'axe compris entre le Duomo et le Castello Sforzesco. Au nord de cet axe, on trouvera les quartiers les plus huppés, notamment celui de la **Scala**, le célébrissime **Quadrilatère de la mode**, ou encore le très sélect et *trendy* **Brera**. Au sud, on goûtera aux charmes singuliers d'autres zones urbaines chargées d'histoire, comme le **vieux Milan**, le quartier des **anciens canaux** ou ceux des **Navigli** de **Magenta** et de **Sant'Ambrogio**.

Une position stratégique

Milan possède un atout géographique incontestable puisqu'elle permet de nombreuses escapades d'une journée vers des lieux paisibles et charmants, faciles d'accès. Au nord, les lacs de la région et du Piémont – **lac d'Orta, lac Majeur, lac de Côme** –, enchâssés dans l'écrin des Alpes, destinations romantiques par excellence ; à l'est, la douceur méditerranéenne du **lac de Garde**, avec ses citrons et ses oliviers.

Du Duomo au Castello Sforzesco

Ici bat le cœur de Milan ! Du Duomo, majestueuse cathédrale, à l'imposant Castello Sforzesco, le parcours, entièrement piéton, est ponctué de vitrines alléchantes et de belles façades d'immeubles anciens, révèlant l'âme commerçante et affairée de la ville.

➔**Accès :** Ⓜ Duomo (lignes rouge et jaune), Cairoli et Cordusio (ligne rouge), Lanza (ligne verte) et Cadorna (lignes rouge et verte).
➔**Conseil :** Comptez une journée. **Plan III p. 45.**

Le Duomo★★★ B2

Ⓜ Duomo - ✆ 02 72 02 26 56 - http://duomomilano.it - tlj 7h-19h. Évitez les shorts et les tee-shirts sans manches.

Le Duomo est l'édifice le plus majestueux de la ville, modèle accompli du gothique italien et chef-d'œuvre du gothique flamboyant européen.
Il surgit au fond d'une des plus grandes places d'Italie, la **piazza Duomo★**, dont l'aménagement, achevé en 1861, permet d'apprécier l'énorme masse de la cathédrale qui la domine.
Sa construction, entamée en 1396 à l'initiative de G. G. Visconti *(voir p. 109)*, se poursuivit aux 15e et 16e s., impliquant artistes et maîtres d'œuvre italiens, français et allemands. Commencés au 17e s., les gros travaux de la façade ont été terminés sous Napoléon Ier, mais les portails ne furent achevés qu'en 1950. Avec quelque 135 flèches et plus de 2 245 statues, l'extérieur, en marbre blanc, est époustouflant, notamment au coucher du soleil quand il se teinte d'une couleur rose orangé. Contournez l'édifice pour admirer les magnifiques proportions du chevet dominé par la grande flèche ; celle-ci se dresse à 108 m d'altitude, à la croisée du transept, et est surmontée d'une statue dorée de la Vierge, la **Madonnina**, chère au cœur des Milanais. Du 7e étage du grand magasin La Rinascente vue rapprochée sur les détails architecturaux et sculpturaux des toits.
Très sombre, l'intérieur produit une impression d'austérité et de lourdeur sans comparaison avec l'extérieur. Les proportions sont gigantesques : 148 m de long sur 88 m de large au niveau du transept. Les cinq nefs gothiques sont jalonnées de 52 piliers. De magnifiques vitraux, dont les plus anciens datent des 15e et 16e s., décorent nef et transepts. Beau et riche mobilier (en particulier les stalles et le maître-autel baroques attribués à Tibaldi). Dans la **crypte** *(2 €)*, on peut voir l'urne en argent contenant les restes de saint Charles Borromée (Carlo Borromeo), archevêque de Milan mort en 1584 *(voir p. 109)*. La visite se poursuit avec le **baptistère** paléochrétien et la basilique de Santa Tecla, du 4e s. *(4 €)*.

Le Duomo, chef-d'œuvre de style gothique flamboyant.

Après avoir marché sur le toit de marbre de la cathédrale, parmi pinacles, arcs-boutants et statues, les **terrasses★★★**, le must de la visite, offrent un superbe panorama sur la ville et, par temps clair, sur les Alpes. *Avr.-oct. : 9h-22h ; reste de l'année : 9h-16h45 ou 17h45 - fermé 1er Mai, 25 déc. - 8 € (en ascenseur), 5 € (à pied, 165 marches), billet combiné terrasses, crypte et baptistère 13 €.*

Palazzo Reale B2

Ⓜ *Duomo.*

L'ancien palais royal a été construit au 18e s. par **Giuseppe Piermarini** en englobant de nombreux vestiges gothiques de l'ancien palais ducal. La sobre façade néoclassique cache de beaux appartements. La grande salle des Cariatides, laissée volontairement à l'état de ruine après la guerre, produit un effet original. Le palais est le cadre des grandes expositions d'art de la ville.

Museo del Duomo★★ – *Fermé pour travaux de rénovation, rens. ✆ 02 72 02 26 56 - http://duomomilano.it.* Il conserve des originaux de nombreuses statues, des vitraux et une étonnante **maquette★** en bois du Duomo.

Museo del Novecento★★ B2

Ⓜ *Piazza del Duomo 12 - ✆ 02 88 44 40 61 - www.museodelnovecento.org - 9h30-19h30 (jeu. et sam. 22h30), lun. 14h30-19h30 - 5 €.*

Après une longue période de restauration, l'Arengario, curieux édifice moderne entrepris dans les années 1930, abrite le musée du 20e s., « le musée avec le plus beau point de vue du monde », selon un critique d'art italien. Pour profiter de la perspective, emprunter au sous-sol *(Ⓜ Duomo)* l'escalier évoquant celui du musée Guggenheim de New York. Les *Deux Nageurs* du groupe *Bains mystérieux* de Giorgio de Chirico, vous ouvrent les portes de la collection, dont l'œuvre la plus célébrée est le *Quarto Stato*. Peint en 1901 par Giuseppe Pellizza da Volpedo, il représente, avec une force expressive bouleversante, une troupe d'ouvriers et de paysans en route vers un futur plein d'espoir.

Les thèmes de la collection se déroulent chronologiquement en suivant les grands courants du 20e s. jusqu'à l'Arte Povera, et leurs artistes majeurs (De Chirico, Sironi, Morandi, Fontana, Manzoni, Kounellis). Ne manquez pas la salle des Colonnes, qui présente la plus grande collection d'**œuvres futuristes** du monde (Boccioni, Balla, Carrà, *voir p. 114*).

Par la pittoresque via del Palazzo Reale, on rejoint **San Gottardo al Palazzo Reale**, ancienne chapelle ducale de 1366, dont le haut **campanile★**, octogonal et gothique, est superbe. À l'intérieur, sur le mur du fond à gauche, on notera les restes d'une Crucifixion au style inspiré de Giotto. *Via Pecorari - lun.-vend. 8h-18h, sam. 9h30-12h et 16h-19h30, dim. 8h30-13h.*

Sur la **piazza Diaz**, achevée dans les années 1950, se dresse la tour qui, au 15e étage, accueille la panoramique Terrazza Martini *(ouverte seult à l'occasion d'événements particuliers).*

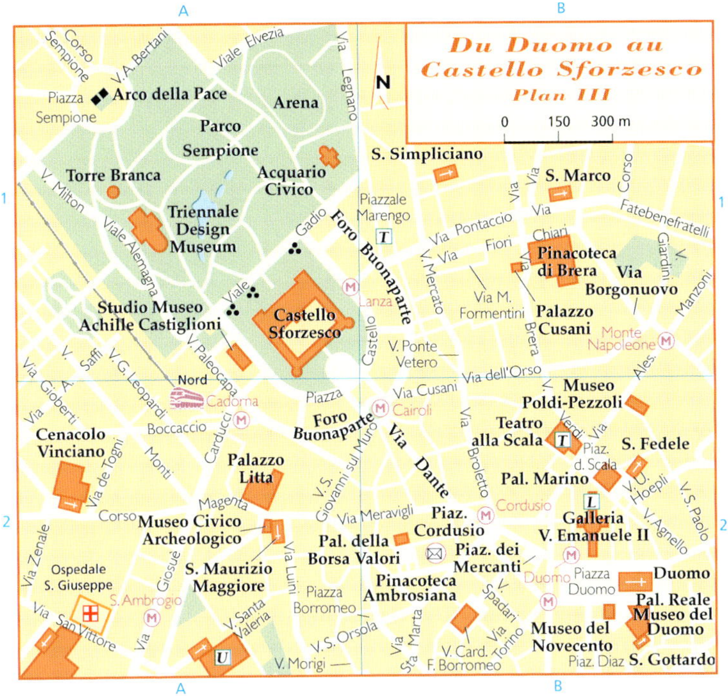

Galleria Vittorio Emanuele II★★ B2

Ⓜ *Duomo.*

Le passage emblématique de Milan, ouvert en 1877, forme une immense croix dont la voûte de verre et d'acier culmine à 50 mètres de haut et abrite de beaux magasins, des cafés et des restaurants. Conduisant à la Scala et toujours animé, il est encore plus beau à Noël, illuminé de milliers de petites lumières et agrémenté d'un immense sapin en son centre. Ne vous étonnez pas si vous voyez des groupes de promeneurs autour d'une des mosaïques décorant le sol : on dit qu'écraser, d'une triple rotation du talon, les testicules du taureau porterait chance.

Piazza dei Mercanti★ B2

Ⓜ *Duomo.*

La piazza dei Mercanti, calme et pittoresque, se trouve au cœur du Milan médiéval, miraculeusement préservé par l'histoire. Le **Palazzo dei Giureconsulti** (palais des jurisconsultes), de style Renaissance (1564), présente une curieuse tour carrée et la statue de saint Ambroise enseignant. Le **Broletto nuovo** (appelé aussi palais communal ou Palazzo della Ragione), dont la façade est ornée d'une belle statue équestre romane, date des 13e et 18e s. et reste le siège de la municipalité jusqu'au 18e s. Les autres palais de la place déploient loggias et arcades gothiques sans réelle unité de style, mais avec beaucoup d'harmonie.

Piazza Cordusio et via Dante B2

Ⓜ *Cordusio.*
Carrefour animé, la **piazza Cordusio** est dominée par l'imposant et éclectique palais des assurances Generali. De la via Cordusio, on rejoint la piazza Edison, puis, par la via della Posta, la **piazza Affari**. Dans cette City milanaise, poumon économique de l'Italie – déserte le week-end –, les édifices sont énormes. Remarquez le palais de l'ancien Banco di Roma (1941, maintenant Unicredit), dont les formes pures contrastent avec la très chargée Banca d'Italia, construite de 1907 à 1912. La Bourse (**Borsa Valori**), ou **Palazzo Mezzanotte**, dotée d'une imposante façade de travertin (roche calcaire blanche), fut érigée en 1931 à la place d'un théâtre romain dont subsistent quelques vestiges en sous-sol.
De la place Cordusio part la **via Dante**, piétonne, dont le Castello Sforzesco forme la toile de fond. Paradis du shopping, l'ample percée, qui remonte aux années 1890, est bordée de beaux immeubles de style néo-Renaissance.

Castello Sforzesco★★★ A1

Ⓜ *Cairoli - ✆ 02 88 46 37 00 - www.milanocastello.it - tlj 7h-18h, 19h en été - fermé 1er janv., 1er Mai et 25 déc. - entrée libre.*
Construite à partir de 1450 par les Visconti et ensuite résidence des ducs de Milan (les Sforza), cette forteresse carrée, en brique et entourée de profonds fossés, impressionne par ses dimensions (près de 200 m de côté). Les grandes tours de sa façade, dominant la piazza Castello, ont été restaurées au début du 20e s., sauf la tour centrale carrée, entièrement reconstruite.
Musei del Castello★★★ – *✆ 02 88 46 37 03 - 9h-17h30 (dernières entrées 17h) - fermé lun., 1er janv., 1er Mai et 25 déc. - 3 €.* Le château abrite plusieurs remarquables collections d'art dans ses ailes, bordant deux jolies cours intérieures aux arcades Renaissance raffinées : la cour Ducale et celle de la Rocchetta. Les musées se répartissent dans diverses ailes de la forteresse. Au rez-de-chaussée de la cour Ducale, le **Museo d'Arte antica**★★ présente des collections de sculptures et d'armes à travers de superbes salles voûtées ornées de peintures dont les plus belles sont la Sala delle Asse, avec les fresques de **Léonard de Vinci** datant de 1498, représentant un étonnant enchevêtrement de feuillages, et la chapelle Ducale. Parmi les pièces maîtresses, le **gisant de Gaston de Foix par Bambaia**★★ (1532), la **Pietà Rondanini**★★★, dernière sculpture, inachevée, de **Michel-Ange**.
Le premier étage est dédié à une remarquable exposition sur les

Le Castello Sforzesco, ancienne résidence des ducs de Milan.

arts décoratifs en Lombardie, du Moyen Âge aux années 1960. À noter l'étonnante salle de fresques de la fin du 15e s. représentant l'histoire de Griselda. Au même étage, la **pinacothèque★** présente en cinq vastes salles des œuvres des grands peintres d'Italie du Nord, de Mantegna à Tiepolo.
Au 1er étage est exposée une superbe collection de plus de **600 instruments de musique★**.
Au sous-sol, ne pas manquer la section d'**art égyptien**.

Parco Sempione★ A1

Ⓜ *Lanza ou Cadorna.*
Le plus beau parc urbain de Milan est situé derrière le château. En faire le tour vous permettra de découvrir le Palazzo dell'Arte et la fameuse **Torre Branca**, structure métallique très fine érigée par Gio Ponti et Cesare Chiodi en 1932, qui, de sa terrasse de 108 m de hauteur, offre un splendide **panorama★★** sur l'agglomération. *✆ 02 33 14 120 - lun.-merc. 10h30-19h, jeu.-dim. 10h30-19h, 21h30-minuit (horaires variables, se renseigner) - 3 €.* À l'extrémité nord du parc, remarquez l'**Arco della Pace**, arc de triomphe érigé par Luigi Cagnola (1752-1833) sur ordre de Napoléon Ier mais terminé par les Habsbourg.
À l'est se trouve l'**Arena**, œuvre de Luigi Canonica utilisée pour les concerts et les manifestations sportives.

Triennale Design Museum★ A1

Viale Alemagna 6 - U Cadorna - ✆ 02 73 43 41 - www.triennaledesignmuseum.it - 10h30-20h30, jeu. et vend. 10h30-23h - fermé lun. - 8 €.
Le **Palazzo dell'Arte**, œuvre de Giovanni Muzio (1893-1982), accueille la Fondazione Triennale di Milano, pôle culturel particulièrement actif dans les domaines de l'architecture, de l'urbanisme, du design et de la communication. Consacré au design italien, le **musée** est aménagé de façon scientifique et émotionnelle, suivant des parcours thématiques afin d'illustrer cette expression qui conjugue art, industrie et société. Le parcours thématique change chaque année et l'espace accueille aussi des expositions temporaires.
Pour compléter la découverte du design italien, visitez le **Studio Museo Achille Castiglioni**, dédié à l'œuvre du grand designer milanais (1918-2002). *Piazza Castello 27 - ✆ 02 724 34 231 - www.achillecastiglioni.it - 10h-13h sur réserv. - 8 €.*

Acquario civico A1

Viale Gadio 2 - Ⓜ Lanza - ✆ 02 88 46 57 50 - www.acquariocivicomilano.eu - 9h-13h, 14h-17h30 - fermé lun., 1er janv., 1er Mai, 15 août et 25 déc. - entrée libre.
Construit près du Parco Sempione pour l'Exposition internationale de 1906, ce magnifique bâtiment Liberty accueille un petit mais très agréable aquarium, proposant des activités autour de la mer.
De retour sur la piazza Castello, les façades en hémicycle qui font face au château constituent le **Foro Buonaparte**, dont le plan grandiose émane d'un projet de Napoléon Ier, réalisé seulement à la fin du 19e s.

De la Scala au corso Venezia

Le quartier le plus exclusif de Milan est également l'un des plus beaux et des plus harmonieux de la ville. À côté du luxe insolent affiché par les boutiques de la via Monte Napoleone, on appréciera ses nombreux parcs et jardins secrets, ses vieilles rues silencieuses et ses palais baroques pleins de charme. À voir de préférence en semaine ou le samedi matin pour en apprécier l'animation.

→**Accès :** Ⓜ Duomo (lignes rouge et jaune) ; Montenapoleone et Turati (ligne jaune) ; San Babila, Palestro et Porta Venezia (ligne rouge). **Plan IV p. 52.**

→**Conseil :** Comptez une bonne journée avec la visite des musées.

Teatro alla Scala★★ A2

Piazza della Scala - Ⓜ Duomo (rens. à la sortie du métro) - billetterie : via Filodrammatici 2 - ✆ 02 02 88 791 - www.teatroallascala.org.

Célébrissime théâtre lyrique édifié entre 1776 et 1778, la Scala risque de décevoir si l'on s'attarde à sa façade néoclassique, signée Piermarini, élégante mais banale. De plus, le bâtiment vient de bénéficier d'une coûteuse rénovation, en partie orchestrée par l'architecte Mario Botta, à qui l'on doit l'extension des coulisses, donnant au profil de l'édifice une forme nouvelle, plus originale qu'esthétique. La salle, en forme de fer à cheval, magnifique, surprend par son ampleur (elle peut accueillir 3 600 spectateurs). L'acoustique y est exceptionnelle, même depuis le plus haut des pigeonniers.

Le **musée du Théâtre★** (Museo teatrale alla Scala) abrite de nombreux souvenirs liés aux arts lyriques et au théâtre de toutes les époques, dans une présentation flambant neuve. Du musée, on accède à l'une des loges, d'où l'on aperçoit la salle. *Largo Ghiringhelli 1, Piazza Scala - ✆ 02 88 79 24 73 - www.teatroallascala.org - tlj 9h-12h30, 13h30-17h30 - fermé 7 déc. et j. fériés - 5 €.*

Autour de la Scala A2

Un nouveau musée, le **Gallerie d'Italia**, vient d'ouvrir à côté de la Scala. Il est dédié à l'art italien des 19e et 20e s. (*Via Manzoni 10 - www.gallerieditalia.com - mar.-dim. 9h30-19h30, jeu. 9h30-22h30*).

Face à la Scala se dresse le **Palazzo Marino** (l'hôtel de ville), construit par Alessi au 16e s. De la via Marino, vous pourrez jeter un coup d'œil sur sa belle **cour★** de style Renaissance maniériste. En contournant le palais, vous arrivez à la **chiesa San Fedele** *(tlj 7h-14h30, 16h-19h)*, bâtie par Tibaldi en 1569 sur ordre de Carlo Borromeo. L'intérieur affiche un beau baroque milanais.

Derrière l'église, sur la via Omenoni se dresse la maison des Omenoni (« grands hommes »), du 16e s., ornée de huit majestueuses **cariatides★**.

La jolie **piazza Belgioioso** est bordée par le vaste palais du même nom,

construit en 1777, et par la **Casa di Manzoni★**, belle demeure que l'écrivain habita pendant soixante ans et qui renferme souvenirs, photographies, portraits, lettres et illustrations de son plus célèbre roman, *Les Fiancés*.
Via Morone 1 - Ⓜ Montenapoleone - ☏ 02 86 46 04 03 - www.casadelmanzoni.mi.it - 9h-12h, 14h-16h - fermé w.-end et lun. - entrée libre.

Museo Poldi-Pezzoli★★ A2

Via Manzoni 12 - Ⓜ Montenapoleone - ☏ 02 79 48 89 - www.museopoldipezzoli.it - 10h-18h - fermé mar. et j. fériés - 9 €, 15 € avec la Case Museo Card (Museo Bagatti Valsecchi, Casa Boschi di Stefano, Villa Necchi Campiglio et Museo Poldi-Pezzoli).
Installé dans un palais aristocratique du 17ᵉ s., dont les fenêtres donnent sur un joli jardin, ce beau musée recèle de superbes pièces : de nombreuses peintures de la Renaissance, dont deux **Botticelli**, **La Déposition** et **La Madone au livre★★**, une impressionnante salle d'armes anciennes, ainsi que divers éléments d'art décoratif, parmi lesquels de précieux tapis orientaux.

Quadrilatère de la mode AB2

Ⓜ Montenapoleone ou San Babila.
Cette partie de la ville s'organise autour d'un îlot rectangulaire, mêlant boutiques de luxe et beaux palais, délimité par les *vie* Alessandro Manzoni, Monte Napoleone, Sant'Andrea et della Spiga. Pour apprécier le quartier, il faut zigzaguer de rue en rue : **via Bigli** pour entrevoir les somptueux jardins et cours derrière les portes cochères, **via Monte Napoleone** pour le lèche-vitrine le plus cher d'Italie, **via Borgospesso**, **via della Spiga** (piétonne), **via Gesù** et **via Sant'Andrea**. Les grands noms de la mode sont là, du gigantesque mégastore Armani *(via Manzoni 31)* à la boutique Viktor & Rolf *(via Sant'Andrea 14)*, construite à l'envers. N'oubliez pas de lever le nez car les façades, elles aussi, sont belles et colorées.
Au nord-est, vous pouvez parcourir la **via Borgonuovo**, aux belles façades 18ᵉ s.

Museo Bagatti Valsecchi★★ A2

Via Gesù 5 - Ⓜ Montenapoleone - ☏ 02 76 00 61 32 - www.museobagattivalsecchi.org - 13h-17h45 - fermé lun., j. fériés et août - 8 €, 4 € le merc., 15 € avec la Case Museo Card (voir Museo Poldi-Pezzoli).
Cette demeure a été édifiée au 19ᵉ s. par deux frères, Fausto et Giuseppe Bagatti Valsecchi, dans le style de la Renaissance. Ils ont reconstitué un intérieur selon leur idée de cette période. Un endroit insolite et passionnant.

Palazzo Morando - Costume Moda Immagine B2

Via Sant'Andrea 6 - Ⓜ Montenapoleone - ☏ 02 88 46 59 33 - www.civicheraccoltestoriche.mi.it/ - 9h-13h, 14h-17h30 - fermé lun. - entrée libre.
Un palais rococo récemment rénové, qui raconte l'histoire de la ville à travers des somptueux vêtements anciens et une riche collection de tableaux de Milan des 18ᵉ s et 19ᵉ s.

Le Scala, célèbre théâtre lyrique de Milan.

Corso Venezia★ et le Liberty B1-2

Ⓜ *San Babila, Palestro ou Porta Venezia.* De la très animée **piazza San Babila** B2, de style rationaliste (remarquez l'église du même nom, du 11e s., restaurée au début du 20e s.) part le corso Venezia, une des plus belles rues de Milan, jalonnée de somptueux palais. Remarquez le **Palazzo del Seminario arcivescovile** B2, au n° 11 ; la **Casa Fontana Silvestri** B2, de la fin du 15e s. (nos 10-14) et le **Palazzo Serbelloni** B2 de style néoclassique (n° 16). Non loin le **Palazzo del Senato** *(via Senato 10)* B2, construit au 17e s. pour abriter le collège helvétique, comporte deux **cours★** bordées de loggias aux colonnes doriques. Dans la via Cappuccini se dresse le **Palazzo Berri Meregalli** (n° 8) B2, exemple marquant du Liberty, comme le magnifique **Palazzo Castiglioni** B2, achevé en 1903 (corso Venezia n° 47).

Villa Necchi Campiglio★ B2

Via Mozart 14 - Ⓜ Palestro - ☎ 02 76 34 01 21 - www.casemuseomilano.it - merc.-dim. 10h-18h - 8 €, 15 € avec la Case Museo Card (voir Museo Poldi-Pezzoli).

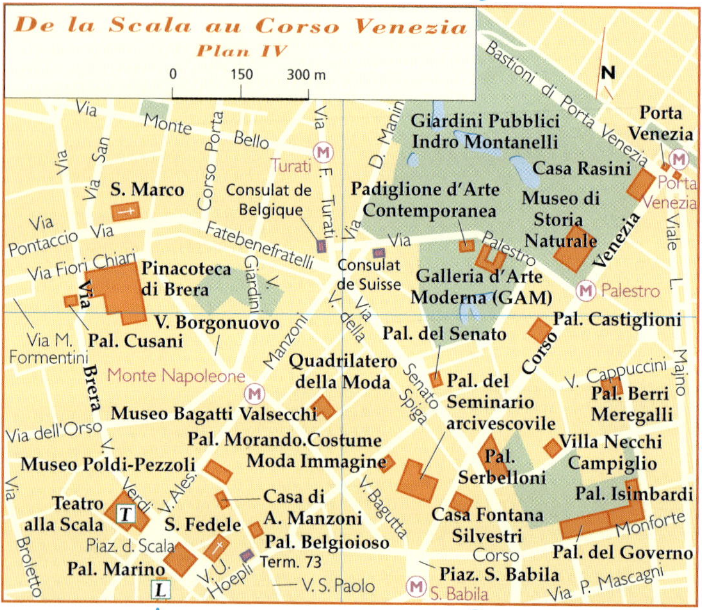

Bâtie entre 1932 et 1935 selon les plans de l'architecte Piero Portaluppi (1888-1967), cette villa dévoile la vie d'une famille milanaise aisée et cultivée, qui a su allier goût et fonctionnalité (monte-plat, ascenseur, éclairage automatique, piscine chauffée et court de tennis). La maison conserve un mobilier et une collection d'œuvres d'art superbes.

Galleria d'Arte Moderna (GAM)★★ B1

Via Palestro 16 - Ⓜ Palestro - ✆ 02 88 44 59 47 - www.gam-milano.com - 9h-13h, 14h-17h30 - fermé lun., 1er janv., 1er Mai, 25 déc. - entrée libre.

Le musée est abrité dans la **Villa Reale**, l'un des plus beaux édifices de Milan. Construite entre 1786 et 1790 par l'architecte **Leopold Pollack** pour le prince Belgioioso, elle fut la résidence de Napoléon Ier durant ses années de règne en Italie (1805-1815). La façade donnant sur le parc est remarquable pour ses sculptures. Magnifique **jardin anglais**★ propice à la promenade.

Le bâtiment accueille la principale collection d'œuvres du 19e s. de la ville. La collection Vismara réunit des artistes italiens et français du 20e s. La Raccolta Grassi (2e étage) présente des toiles de peintres italiens et étrangers (Manet, Van Gogh, Gauguin et Cézanne).

À coté, le **Padiglione d'Arte Contemporanea** (**PAC**) accueille des expositions temporaires d'art contemporain. *Via Palestro 14 - ✆ 02 88 44 63 59 - www.comune.milano.it/pac.*

Giardini pubblici Indro Montanelli★ B1

Consacrés à la mémoire d'un célèbre journaliste italien mort en 2001, ces beaux jardins sont l'un des poumons verts du centre abritant le **Planetarium** *(corso Venezia 57)* et le Palazzo Dugnani, du 17e s. *(via Manin 2)*.

Le **Museo Civico di Storia naturale**★ expose un squelette de baleine de 20 m de long, un ptérodactyle reconstitué et différents films. *Corso Venezia 55 - Ⓜ Palestro - ✆ 02 88 46 33 37 - www.comune.milano.it/museostorianaturale - 9h-17h30 - fermé lun., 25 déc., 1er janv. et 1er Mai - 3 €.*

Corso Buenos Aires

Plan général H2-3

Les pavillons néoclassiques de la **Porta Venezia**★ ouvrent la perspective du corso Buenos Aires. À l'angle des Bastioni di corso Venezia et de corso Venezia se dresse la **Casa Rasini**, d'Emilio Lancia et Gio Ponti (1932-35), composée d'une tour et d'un bâtiment en marbre blanc.

À deux pas, allez voir les magnifiques céramiques Liberty décorant la **Casa Galimberti** *(via Malpighi 3)*.

Non loin, la **Casa-Museo Boschi Di Stefano**★ était la maison d'une couple passionné d'art, qui a donné à la municipalité sa riche collection d'œuvres du 20e s. Remarquez la salle dédiée à Sironi. *Via Jan 15 - Ⓜ Lima - ✆ 02 20 24 05 68 - www.fondazioneboschidistefano.it - 10h-18h - fermé lun., 25 déc., 1er janv. et 1er Mai - entrée libre.*

Brera et Garibaldi

Au nord du Duomo et de la Scala, Brera est le quartier le plus intime de Milan. Ses rues pavées, plutôt calmes dans la journée, sont animées le soir d'une foule de noctambules qui se rassemblent au coude à coude dans les anciennes trattorias, les restaurants et bars aux concepts novateurs.

➔**Accès :** Ⓜ Cairoli et Duomo (ligne rouge) ; Lanza, Moscova et Garibaldi (ligne verte). **Plan IV p. 52 et V p. 56.**

➔**Conseil :** Comptez une demi-journée de visite.

Le quartier Plan IV A1-2

La belle **via Brera**★ **A1** est bordée de vieux palais, dont le plus imposant est le **Palazzo Cusani** *(via Brera 15)* **A1**, construit au 18e s. À gauche s'ouvrent les **ruelles et placettes piétonnes**★ du quartier (via Fiori Chiari, via Madonnina, via San Carpoforo, piazza del Carmine…), qui sont parmi les plus jolies de Milan. Il est agréable d'y déambuler, entre boutiques et terrasses le jour, cartomanciennes et vendeurs de babioles le soir. Tout le quartier est investi par les galeries d'art et les boutiques de mode, à l'instar des antiquaires, qui en font également la renommée.

Pinacoteca di Brera★★★

Plan IV A1-2 et plan V

Via Brera 28 - Ⓜ Montenapoleone ou Lanza - ✆ 02 72 26 32 64 - www.brera.beniculturali.it - 8h30-19h15 (dernière entrée 18h30) - fermé lun., 1er janv., 1er Mai et 25 déc. - 9 €, audioguides en français (5€).
Siège de l'Académie des beaux-arts, le **Palazzo di Brera** fut inauguré par Napoléon Ier en 1809. Une imposante statue de l'empereur, en tenue d'Adam, trône d'ailleurs dans la belle **cour d'honneur**, qui, elle, remonte au 17e s. Les écoles vénitienne et lombarde, ainsi que les sujets religieux, de la Renaissance au baroque, sont particulièrement bien représentés. Parmi les œuvres les plus remarquables, le saisissant **Christ mort**★★★ de Mantegna (fin du 15e s.), l'immense tableau de *La Prédication de saint Marc à Alexandrie* de Gentile et Giovanni **Bellini** (1507), le *Repas chez Simon* de **Véronèse** (1570), l'intemporelle *Vierge à l'Enfan*t de **Piero della Francesca** (fin du 15e s.), et **Le Mariage de la Vierge**★★★ de **Raphaël**, triomphe de la perspective Renaissance (1504). La peinture du 19e s. est aussi présente, avec quelques beaux tableaux de **Francesco Hayez**, dont *Le Baiser*. Pour le 20e s. sont exposées des toiles de **Boccioni**, **Modigliani**, **Braque** ou **Picasso**.
Du complexe de la pinacothèque, on accède à l'agréable **Orto Botanico** (jardin botanique), véritable havre de paix au cœur de Milan. *9h-12h, sam. 10h-17h - fermé dim. - entrée libre.*

Chiesa di San Marco★

Plan IV A1 et plan V

Piazza San Marco - Ⓜ Lanza - tlj 7h-12h, 16h-19h. La piazza San Marco était,

Statue de Napoléon Ier dans la cour de la Pinacoteca di Brera.

jusque dans les années 1930, un carrefour d'eaux *(voir p. 113)*, et la vaste esplanade bordant la via San Marco, un grand bassin où venaient accoster les bateaux, pouvant mouiller ici, au plus près du centre. Derrière une façade gothique de brique rose, reconstituée au 19e s., un intérieur néoclassique masque la structure ancienne de l'église, qui conserve une intéressante crèche en papier du 18e s. et, au transept droit, des fresques de l'époque gothique ainsi que le beau sarcophage Settala du 14e s. L'église, qui possède une très bonne acoustique, a accueilli Mozart et Giuseppe Verdi et est encore aujourd'hui siège de concerts.

Basilica di San Simpliciano★ Plan V

Piazza San Simpliciano 7 - Ⓜ Lanza - tlj 7h30-12h, 15h-19h, dim. 16h-19h.
C'est une des quatre grandes basiliques fondées par saint Ambroise au 4e s. Modifiée aux 10e et 11e s., puis remaniée au 19e s., elle conserve cependant la simplicité des premiers édifices chrétiens. L'intérieur, avec ses trois nefs d'égale hauteur où domine la brique, est solennel. À noter dans l'abside, les fresques de Bergognone, représentant *Le Couronnement de la Vierge* (1515).
Corso Garibaldi, bordé par de vieux immeubles à cours fleuries, est une belle rue typiquement milanaise. Presque au bout de la rue se dresse la **chiesa Santa Maria Incoronata**, qui présente la particularité d'avoir englobé deux églises gothiques. *Suivez la via Marsala.*
Par la commerçante via Solferino, puis via Castelfidardo, vous verrez au croisement de la via San Marco une vieille écluse témoignant de l'existence des anciens canaux *(voir p. 113)*.
Au bout du corso Garibaldi et de la **Porta Garibaldi**, datant de 1826, s'ouvre une perspective sur les gratte-ciel de la Stazione Garibaldi, en réaménagement. Au-delà de la piazza XXV Aprile s'étend le **corso Como**, artère piétonne avec bars, boutiques et restaurants.

Pinacoteca Ambrosiana et le vieux Milan

Le vieux quartier autour de la célèbre pinacothèque Ambrosiana révèle un Milan plus proche de l'image que l'on se fait habituellement de l'Italie : petites rues, boutiques et galeries d'art, places et églises composent un décor traditionnel et charmant. La via Torino, très animée et plus moderne, séduit les jeunes par ses innombrables boutiques de vêtements et ses grands magasins, ouverts même le dimanche.

➔**Accès :** Ⓜ Duomo (ligne rouge et jaune), Missori (ligne jaune). Trams 2, 3 et 14. **Plan VI p. 58.**

➔**Conseil :** Comptez une demi-journée de visite.

Pinacoteca Ambrosiana★★★

Piazza Pio XI 2 - Ⓜ Cordusio - ✆ 02 806 921 - www.ambrosiana.it - 10h-18h - fermé lun., 1er janv., Pâques, 1er Mai et 25 déc. - 15 € (pinacothèque et Codice Atlantico). Comptez 2h30.

Ce palais d'allure discrète abrite l'une des plus belles collections privées de peinture au monde. Sa construction, achevée en 1609, fut impulsée par le cardinal **Federico Borromeo**, qui souhaitait y implanter tout d'abord une bibliothèque publique, devenue l'une des plus riches d'Europe (500 000 volumes et 30 000 manuscrits). Ce fonds comprend notamment le fameux *Codice Atlantico* de **Léonard de Vinci**.

Installé au premier étage, le **musée** présente des œuvres magistrales à travers une succession de 24 salles de taille moyenne, très bien agencées. Les grands noms de la peinture italienne sont là : Botticelli, Titien, Bramantino, Hayez… À noter, le très expressif **Portrait de musicien★★** de **Léonard de Vinci**, le splendide **carton★★★** de **Raphaël** pour *L'École d'Athènes* (une des fresques réalisées pour les chambres vaticanes à Rome) et le **Panier de fruits★★★**, où **Caravage** élève la nature morte au rang de sujet. Sur un fond monochrome, feuilles enroulées en coquille et fruits à leur plus haut degré de maturation semblent présenter en germe les notions de vieillesse et de mort. La collection du cardinal comprend aussi quelques belles peintures flamandes de Paul Bril et de Bruegel de Velours, dont l'étrange **Souriceau aux roses★**.

À voir également : la jolie cour à arcades et, dans les petits salons décorés de boiseries, quelques curiosités tels les gants portés par Napoléon à Waterloo ou une mèche de cheveux de Lucrèce Borgia.

Un musée agréable, facile à visiter avec des enfants.

Le quartier de la Pinacoteca

Sur la tranquille **piazza San Sepolcro** se dresse l'ancienne église (façade reconstituée au 19e s.), qui conserve dans la crypte une belle *Mise au tombeau* (15e s.) en terre cuite. De l'autre coté de la place, le **Palazzo Càstani**, construit au 15e s. et aujourd'hui occupé par un commissariat de police, cache une belle cour Renaissance en brique.

Sur la **piazza Borromeo**, face à l'église Santa Maria Podone, le **palais** construit au 15e s. par le banquier Vitaliano Borromeo conserve deux cours à arcades, restaurées à l'identique après les bombardements de 1943. De la magnifique décoration intérieure peinte ne subsistent que les célèbres **fresques★★ de la salle des jeux** (15e s.) : scènes de tarot, de jeux de balle, personnages civils, sur fond rouge, rose et ocre, composent un témoignage exceptionnel de la vie de l'époque. *La salle est occupée par un bureau mais reste visible en semaine entre 8h et 18h30 par une fenêtre, et on peut demander à jeter un coup d'œil en s'adressant à un employé.*

Toutes proches, les charmantes *vie* **San Maurilio** et **Santa Marta** sont bordées de vieux immeubles colorés qui abritent galeries d'art, antiquaires et boutiques d'objets les plus divers. Remarquez les balcons de fer forgé, typiquement milanais.

Au bout de la via San Maurilio, tourner à droite sur la via Torino.

San Giorgio al Palazzo

Piazza San Giorgio - Ⓜ Missori - lun.-sam. 7h30-12h, 15h30-18h30, dim. 9h30-12h,

Le célèbre « Panier de fruits » de Caravage (détail) de la Pinacoteca Ambrosiana.

16h-19h. Un peu à l'écart de la via Torino, rue animée, cette église dresse sur une petite place sa façade néoclassique, dominée par un campanile élancé et une élégante coupole. À l'intérieur est conservée une œuvre majeure de Bernardino Luini aux belles couleurs, la **Déposition de Croix★**, peinte en 1516.

Remontez la via Torino vers le Duomo.

Chiesa di Sant'Alessandro★

Piazza Sant'Alessandro - Ⓜ Missori - lun.-vend. 7h-11h30, 16h-18h, w.-end et j. fériés 9h-12h, 16h-18h30.

À l'écart des foules et du bruit, la **piazza Sant'Alessandro** est une des plus charmantes de Milan. Tel un décor de théâtre, la grandiose façade baroque de l'église, avec ses deux tours et ses anges, fait face au portail monumental du **Palazzo Trivulzio**, construit au 18e s. La terrasse du petit café Principe ajoute une touche vraiment italienne au tableau. L'église Sant'Alessandro, construite à partir du début du 17e s., est une très belle expression du baroque milanais. De plan centré, elle est dominée par un dôme aux belles proportions. L'intérieur, richement orné de marbres, fresques et dorures, abrite de nombreux tableaux de peintres lombards du 18e s. La chaire et le maître-autel sont particulièrement impressionnants.

Revenir sur la via Torino par la via Lupetta.

La **rotonde de San Sebastiano** fut construite par Pellegrino Tibaldi en 1576 en tant qu'ex-voto pour la fin de la peste.

Continuer sur la via Torino en direction du Duomo.

Chiesa di Santa Maria presso San Satiro★

Via Speronari 3 - Ⓜ Duomo - lun.-vend. 7h30-11h30, 15h-19h, sam. 9h30-12h, 15h-19h, dim. 9h30-12h30, 15h-19h.

L'église est dédiée à Satiro, frère de saint Ambroise. L'origine de l'église Santa Maria presso San Satiro remonte au 9e s. La façade banale de 1871, au fond d'une petite impasse, cache une des œuvres majeures de la Renaissance italienne, de l'architecte **Bramante**. L'intérieur à trois nefs offre une perspective troublante et insolite vers le **faux chœur★★**, que l'exécution en trompe l'œil fait paraître plus profond qu'il n'est (à peine 1 m). Le **baptistère★** *(accès de la nef droite)* et la **coupole★** sont également remarquables. Le **Saccello di San Satiro** *(accès du transept gauche)*, petit sanctuaire orientalisant en croix grecque, est orné d'une saisissante *Mise au tombeau* (15e s.) en terre cuite polychrome et de fragments de fresques datant du 9e au 12e s.

De la via Falcone, qui longe l'abside de l'église, on peut admirer le **campanile** roman lombard, construit en brique au 10e s., ainsi que l'extérieur de la chapelle de la Pietà, qui accueille le Saccello di San Satiro.

La **via Spadari**, ponctuée de beaux balcons de style Liberty, abrite un temple de la gastronomie, **Peck** *(voir « Shopping » p. 35)*, le « Fauchon milanais ».

Ca' Granda et anciens canaux

De part et d'autre des « vie » Francesco Sforza et Visconti di Modrone se trouvait l'un des canaux qui entouraient le centre-ville jusqu'en 1930. Ce quartier possède un patrimoine remarquable. L'intense animation qui l'agite en semaine, liée aux activités de l'université et du palais de justice, retombe nettement le week-end. Il devient alors possible de jouir dans le calme de jolis espaces verts comme le Giardino della Guastalla et des petites rues secrètes s'intercalant entre de grandes avenues solennelles.

➔**Accès :** Ⓜ Missori (ligne jaune) ; San Babila (ligne rouge). **Plan VII p. 64.**
➔**Conseil :** Comptez 4h.

Torre Velasca★★ A2

Piazza Velasca 5 - Ⓜ Missori.
De couleur rosée, la **Torre Velasca★★**, qui domine le quartier du haut de ses 106 m, est le gratte-ciel le plus emblématique de Milan, construit en 1956 par l'association des architectes Belgioioso, Peresutti et Rogers. Sa structure en béton armé se singularise par l'encorbellement des neuf derniers étages, qui lui donne la forme d'une tour médiévale (*voir photo p. 63*).

Chiesa San Nazaro★ A2

Piazza San Nazaro - Ⓜ Missori - tlj 8h-12h, 15h-18h.
Cette ancienne basilique romane du 12e s. a été complétée au 16e s. par la **chapelle Trivulzio**, qui la précède et dont la particularité réside dans des tombeaux situés en hauteur, au-dessus de vos têtes en entrant. Bel intérieur sobre de type roman lombard et nombreux vestiges de fresques.
La **chapelle Santa Caterina** *(accès du transept gauche)* accueille des remarquables **fresques** de Bernardino Larino (1546).
Contournez l'édifice par la gauche pour en admirer l'abside et les portiques à arcades de l'université.

Ca' Granda - Università★★ A2

Via Festa del Perdono 5 - Ⓜ Missori - entrée libre.
Aujourd'hui siège de l'université, l'ancien hôpital, la « Grande Maison », comme disent les Milanais, se dresse sur le largo Richini. Sa fondation par Francesco et Bianca Sforza remonte à 1456. La partie la plus ancienne se situe à droite du beau portail baroque. Elle présente des bustes de terre cuite insérés dans des médaillons et une alternance de baies gothiques et d'arcades Renaissance.
La **cour d'honneur** est superbe, avec ses étages de galeries à arcades, recomposées au 17e s. À droite, on accède aux cours Renaissance organisées autour de deux couloirs en croix.
Au n° 12 de la **via Sant'Antonio**, vous admirerez le Palazzo Greppi, datant de la fin du 18e s. Jetez un coup d'œil à sa belle cour d'honneur.
Sur la droite se dresse la façade banale de **Sant'Antonio Abate**, dont le

superbe **intérieur★** est un bel exemple du premier baroque milanais *(lun.-sam. 10h-18h, 10h-14h en hiver)*. Entrez dans le joli cloître (à gauche de l'église) pour admirer les arcades Renaissance en terre cuite.
Revenez sur vos pas et longez l'université par la via Festa di Perdono, jusqu'à la tranquille **piazza Santo Stefano**, où se dressent l'église du même nom (16e s.) et l'église **San Bernardino alle Ossa**. De plan octogonal, cette église possède une **chapelle★** insolite dont les murs sont recouverts d'ossements humains et de fresques baroques *(tlj 7h30-12h, 13h-18h)*.
La **via Laghetto** est une des plus anciennes rues du centre historique. Elle offre une curieuse perspective sur la cathédrale et sa flèche.

Giardino della Guastalla AB2

Ⓜ *Missori.*
Ce petit jardin, dessiné au 16e s., est une oasis de verdure. Son bassin, bordé de balustres, de statues et de fabriques, ménage de belles perspectives sur les monuments qui l'entourent. Remarquez **l'église dei Santi Barnaba e Paolo** (façade Renaissance), la **synagogue** avec sa belle façade en mosaïque (1892) et la haute tour du **Palazzo di Giustizia**, édifié de 1932 à 1940 par Marcello Piacentini et Ernesto Rapisardi dans un style rationaliste très pompeux.
La via San Barnaba conduit à la **Rotonda della Besana**, du 18e s., avec église en forme de croix grecque, autrefois cimetière de l'hôpital voisin, transformé aujourd'hui en siège d'expositions.
Remontez la via San Barnaba jusqu'au croisement avec la via della Guastalla, qui conduit au corso di Porta Vittoria. Le beau **Palazzo Sormani** (17e s.), dont la **façade arrière★**, sur le parc, est remarquable *(on la voit de la via Francesco Sforza)* abrite une des plus grandes bibliothèques de la ville.
Un peu plus loin, sur la gauche se trouve le Verziere *(largo Augusto)*, qui était autrefois le marché aux herbes. La colonne (1580) fut érigée pour célébrer la fin de la peste en 1577.
Sur corso di Porta Vittoria, se dresse l'église **San Pietro in Gessate** (15e s.), qui abrite la chapelle Grifi, décorée de **fresques★** réalisées par Bernardino Butinone et Bernardino Zenale sur la vie de saint Ambroise *(7h-12h, 15h-18h)*.

Chiesa Santa Maria della Passione★★ B1

Via del Conservatorio - Ⓜ *San Babila - 7h-12h (dim. 9h-12h), 15h15-18h15.*
Édifiée de la fin du 15e au 18e s., c'est la plus grande église de la ville après le Duomo. Sa façade baroque cache un intérieur à trois nefs, ample et lumineux. Remarquez la haute coupole attribuée à Lombardo (1530). Dans le transept gauche, très beau tableau de Gaudenzio Ferrari représentant *La Cène*.
L'église est un musée de peintures, exécutées à différentes époques mais autour du même thème : la passion du Christ. La salle capitulaire *(✆ 02 76 02 13 70 - visites guidées lun. et sam. apr.-midi, 1er et 4e dimanches du mois 15h30-17h, visites libres lun.-jeu. 9h30-11h30 - fermé vend.)* est décorée de **fresques** de

La Torre Velasca, gratte-ciel aux allures de tour médiévale.

Bergognone, datant de la fin du 15e s. À côté, l'ancien monastère de Santa Maria della Passione accueille le prestigieux **Conservatorio Giuseppe Verdi**.

Sur la gauche de l'église, via Bellini n° 11, admirez la superbe **Casa Campanini★**, de style Liberty *(voir p. 114)*.

Continuez la via Conservatorio jusqu'au **corso Monforte**, où s'alignent de beaux palais. Au n° 32, une autre belle interprétation Liberty de Campanini ; au n° 35, le **Palazzo Isimbardi** ; au n° 31, enfin, le **Palazzo del Governo** avec cour néoclassique décorée de cariatides.

Terminez votre visite par la **via Durini,** la **via Cerva** et les vieilles rues alentour, alternant entre belles boutiques et majestueux palais.

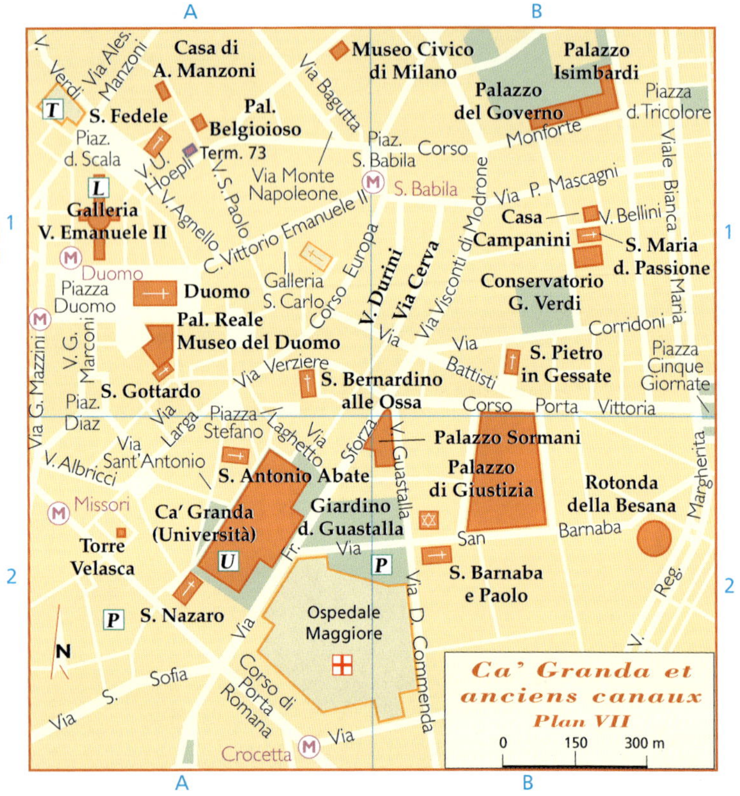

Porta Ticinese et Navigli

Ce quartier très fréquenté par les jeunes est également un des plus vieux de la ville, comme en témoignent les magnifiques colonnes romaines de la basilique San Lorenzo. Toujours animé, il permet d'associer culture, shopping et gastronomie pour le plus grand bonheur des Milanais et des touristes.

→**Accès :** Ⓜ Sant'Ambrogio, Sant'Agostino et Porta Genova (ligne verte) ; trams 2, 3 et 14. **Plan VIII p. 68.**

→**Conseil :** Comptez une demi-journée de visite.

Basilica San Lorenzo Maggiore★★ B1

Corso di Porta Ticinese 39 - Ⓜ Sant'Ambrogio - ✆ 02 89 40 41 29 - www.sanlorenzomaggiore.com - tlj 7h30-12h30,14h30-18h45 - cappella di Sant'Aquilino 2 €, billet combiné avec la chapelle Portinari de Sant'Eustorgio et le Musée diocésain 12 €.

Cette ancienne basilique est l'une des premières construites avec un plan centré sur le modèle du St-Sépulcre de Jérusalem. Sa fondation remonte au 4e s., quand Milan était la capitale de l'Empire romain. Des incendies aux 11e et 12e s. en ont modifié la structure, et la grandiose coupole a dû être reconstruite après son effondrement en 1573.

Le parvis est précédé de seize hautes **colonnes romaines★** appartenant à un temple des 2e et 3e s., l'un des rares vestiges de l'antique *Mediolanum*. L'ensemble est très pittoresque.

L'intérieur, majestueux, de style roman-byzantin, est entouré de matronées (lieux réservés aux femmes dans les églises), surmonté d'une vaste coupole et pourvu d'un ample déambulatoire.

À droite du chœur, un atrium et une porte romaine du 1er s. donnent accès à la **cappella di Sant'Aquilino★**, qui abrite de splendides **mosaïques paléochrétiennes** datant du 5e s., dont l'une représente le Christ et les apôtres. Derrière l'autel avec l'urne qui conserve les restes de sant'Aquilino, un escalier conduit aux fondations de la construction.

Depuis la **piazza della Vetra**, belle esplanade de verdure. Ne manquez pas d'y admirer la remarquable abside et les proportions déséquilibrées mais harmonieuses de la basilique. Dans son prolongement, le **Parco delle Basiliche** permet de rejoindre Sant'Eustorgio ou le très animé corso di Porta Ticinese. Au passage, vous remarquerez alors la médiévale **Porta Ticinese**.

Basilica Sant'Eustorgio★ B1

Piazza Sant'Eustorgio 1 - Ⓜ Porta Genova - ✆ 02 89 40 26 71 - www.santeustorgio.it - tlj 7h30-12h, 15h30-18h30 (comptez 1h30 avec le musée) ; cappella Portinari : tlj 10h-18h - fermé en août - 6 €.

Sant'Eustorgio était autrefois le siège du tribunal de l'Inquisition avant que celui-ci soit transféré à Santa Maria della Grazie. L'édifice roman actuel, qui date des 11e et 12e s., remplace une basilique du 4e s. Son campanile est surmonté de la plus haute flèche de Milan. L'intérieur à trois nefs est riche en œuvres d'art. La quatrième chapelle du bas-côté droit abrite de jolies fresques du 13e s.
Derrière l'abside de la basilique se tient la **Cappella Portinari★★**, joyau de la Renaissance lombarde rehaussé de splendides **fresques** du 15e s. peintes par **Vincenzo Foppa**, retraçant la vie de saint Pierre de Vérone, dominicain et inquisiteur, mort dans un guet-apens en 1252 d'un coup de serpe dans la tête. De plan central très bramantesque, ses proportions sont parfaites. En son centre se dresse le magnifique **arc de saint Pierre martyr★★**, en marbre, sculpté par **Giovanni di Balduccio** au 14e s., un des sommets de la sculpture gothique italienne.
En ressortant de la basilique, l'agréable via Santa Croce, piétonne, invite à la flânerie.

Museo Diocesano B1

Corso di Porta Ticinese 95 - Ⓜ Porta Genova - ✆ 02 89 42 00 19 - www.museodiocesano.it - mar.-dim. 10h-18h (juil.-sept. : mar.-sam. 19h-0h) - fermé lun., 25-26 déc., 1er janv., 1er Mai - 8 €.
Inauguré en 2001, ce musée d'une conception très contemporaine expose de remarquables exemples de la peinture lombarde des 16e-19e s.

Corso di Porta Ticinese B1

Cette large artère, qui aboutit à la porte du même nom et s'inscrit sur l'ancienne ligne des fortifications du 14e s., compte un grand nombre de petits créateurs et de boutiques de mode jeune, bars et restaurants très animés.

Les Navigli★ AB1

Ⓜ *Porta Genova.*
Au cœur du quartier des canaux, fort sympathique, le **Naviglio Grande** et le **Pavese** sont les deux uniques canaux subsistant de l'ensemble exceptionnel conçu au 16e s., notamment par Léonard de Vinci, qui reliait Milan au Pô et aux grands lacs *(voir p. 113)*. Le plus typique est le Naviglio Grande, bordé de façades colorées et agrémenté de petites passerelles.
Le long du Naviglio Grande, bien au-delà du charmant **vicolo dei Lavandai**, ancien lavoir utilisé jusqu'au début des années 1960, se dresse à environ 800 m l'église de **San Cristoforo** (Hors Plan), ravissant ensemble qui se compose de deux églises en brique, datant du 12e s. (bâtiment de gauche) et des 14e-15e s. (bâtiment de droite). Le parcours est assez ingrat mais vous révélera aussi un aspect urbain insolite, entre graffitis, ponts et immeubles sans grâce. L'église et la passerelle qui lui font face composent un décor bucolique que l'on n'attendait plus !
Regorgeant de bars et de restaurants en tout genre, l'endroit est l'un des plus animés de Milan, particulièrement le soir *(voir « Boire un verre» p. 28*

Le canal Naviglio Grande, au charme bucolique.

et « Sortir » p. 31). Les antiquaires y tiennent également un marché le dernier dimanche du mois *(voir « Shopping » p. 36)*. D'importants travaux sont en cours pour en réhabiliter les berges et aménager la **Darsena**, ancien port de Milan.

Quartier Solari

D'un aspect plus résidentiel, la partie nord du quartier, autour du **Parco Solari A1**, est devenue un des hauts lieux du design milanais ; galeries et boutiques sont concentrées autour des **vie Tortona A1** et **Savona A1**.

Les friches industrielles reconverties en lofts et lieux d'exposition prestigieux côtoient les *vecchie case milanesi* des alentours de la via Gaspare Bugatti, vieux immeubles populaires dont les couloirs sont des balcons extérieurs.

Les amateurs d'architecture des années 1930 à 1960 se rendront via Solari, via Foppa, via Dezza (où vécut le célèbre architecte Gio Ponti, *voir encadré p. 74*) et piazza del Rosario.

Enfin, le mardi et le samedi se tient le **marché** sur viale Papiniano *(voir « Shopping » p. 36)*.

Corso Magenta et Sant'Ambrogio

Si un concert de grincements de tramway orange vous accompagne le long du corso Magenta, et ce jusqu'au très animé corso Vercelli (l'une des rues favorites des Milanais pour le shopping du samedi après-midi), la basilique St-Ambroise veille en revanche sur un quartier plus calme. Dans ce havre de paix attachant et quasi-ville dans la ville, même les étudiants de l'université catholique voisine semblent hésiter à troubler la sérénité des vieilles pierres.

→**Accès :** Ⓜ Cairoli, Conciliazione et Pagano (ligne rouge) ; Cadorna et Sant'Ambrogio (ligne verte). Trams 16 et 19. **Plan IX p. 72.**

→**Conseil :** Comptez une journée.

Corso Magenta AB1

Ⓜ *Cordusio.*

Avant de vous engager dans cette artère historique de Milan, vous pouvez faire un léger détour par la **via Brisa**, où s'élève la **Torre dei Gorani**, exemple de tour médiévale ayant parfaitement traversé les siècles.

Chiesa San Maurizio★ B1

Corso Magenta 13 - Ⓜ Cordusio - mar.-sam. 9h30-17h30.

Construite au 16e s., l'église du monastère des bénédictines présente un sobre extérieur. L'intérieur en revanche est incroyable. Il recèle de splendides **fresques★★** de **Bernardino Luini**. Peintures de saints, scènes de la Passion composent un décor peint d'une grande fraîcheur sur toute la hauteur des murs.

Museo civico archeologico★ B1

Corso Magenta 15 - Ⓜ Cordusio - ✆ 02 86 45 00 11 - 9h-13h, 14h-17h30 - fermé lun., 25 déc., 1er janv. et 1er Mai - 2 €.

Le musée, logé dans ce qui reste de l'ancien monastère des bénédictines, abrite des collections d'art grec, étrusque, romain et barbare et constitue une formidable source d'information sur la ville ancienne. La section romaine recèle les deux chefs-d'œuvre du musée : la **coupe de Trivulce★** (4e s. apr. J.-C.), travaillée dans un seul bloc de verre, et la **patère de Parabiago★** (4e s. apr. J.-C.), plat en argent massif orné des rites à la déesse Cybèle. Dans le jardin, des vestiges de l'enceinte romaine rappellent que Milan fut la capitale de l'Empire romain à la fin du 3e s. *(voir p. 108).*

En face, le **Palazzo Litta** présente une belle façade rococo.

Basilica di Sant'Ambrogio★★★ B2

Piazza Sant'Ambrogio 15 - Ⓜ Sant'Ambrogio - ✆ 02 86 45 08 95 - lun.-sam. 7h15-12h15, 14h30-19h, dim. 7h15-13h, 15h-20h.

La basilique constitue un des chefs-d'œuvre européens de l'art roman. Sa fondation par saint Ambroise, évêque de Milan, remonte à l'an 386. Elle prit sa forme définitive aux 11e et 12e s. La façade, avec sa loggia à trois arcades, compose avec les tours un tableau original. On entre par l'**atrium★**, dont les arcades reposent sur de beaux chapiteaux. Parmi les remarquables œuvres, vous serez attiré par le superbe **ambon byzantin★** (chaire) du 12e s., qui surmonte un sarcophage du 4e s. Le magnifique **parement d'autel★★**, revêtu de plaques d'or et d'argent, est un chef-d'œuvre de la période carolingienne (9e s.). La grande mosaïque de l'abside (12e s.) a été reconstituée après la Seconde Guerre mondiale. À ne pas manquer, le **trésor**, au fond à droite, où vous verrez la très ancienne **chapelle San Vittore in Ciel d'Oro**, dont les **mosaïques★** remontent, quant à elles, au 4e s. *(9h30-12h, 14h30-18h, dim. 10h-12h, 15h-18h - 2 €).*

Prenez la via San Vittore. Remarquez, à l'angle de la via Giosuè Carducci, l'éclectique **Castello Cova**, construit en 1910 par l'architecte Adolfo Coppedè (1871-1951).

Museo nazionale della Scienza e della Tecnologia Leonardo da Vinci★★ A2

Via San Vittore 21 - Ⓜ Sant'Ambrogio - ✆ 02 48 55 51 - www.museoscienza.org - 10h-17h30, w.-end 10h-19h ; sous-marin Toti : 10h30-13h30 - fermé lun., 1er janv., 25 déc. - 10 €.

Installé dans l'ancien monastère San Vittore, il abrite la **galerie Léonard de Vinci★**, où sont exposées des maquettes des inventions imaginées par le maître. Les pavillons dédiés aux transports maritimes et ferrovi aires sont grandioses. Grands et petits apprécieront la visite du **sous-marin Toti**, le premier fabriqué en Italie après la Seconde Guerre mondiale.

Construite à la fin du 16e s., l'attenante **chiesa San Vittore al Corpo** *(vend.-dim. 9h30-17h30)* surprend par la richesse de son intérieur, qui remonte au 17e s. L'église recèle les vestiges d'un mausolée impérial (4e-5e s.).

Continuez la via San Vittore et prenez à droite la via Zenale.

Chiesa Santa Maria delle Grazie★★ A1

Piazza Santa Maria delle Grazie - Ⓜ Conciliazione - ✆ 02 467 61 11 - 7h-12h, 15h-19h15.

Sur une jolie place se dresse l'ancien couvent des dominicains, qui fut construit à la fin du 15e s. L'église est remarquable par son imposant dôme et son abside ornée de bas-reliefs en terre cuite. L'intérieur témoigne du génie de l'architecte **Bramante**, et la haute **coupole à seize pans★** aux formes pures est un chef-d'œuvre de l'époque de la Renaissance à Milan. Par le transept gauche, on accède au charmant **cloître**, également dû à Bramante.

Cenacolo Vinciano★★★ A1

Piazza Santa Maria delle Grazie - Ⓜ Conciliazione - ✆ 02 92 800 360 -

Musée national de la Science et de la Technologie, à découvrir entre autres pour ses maquettes.

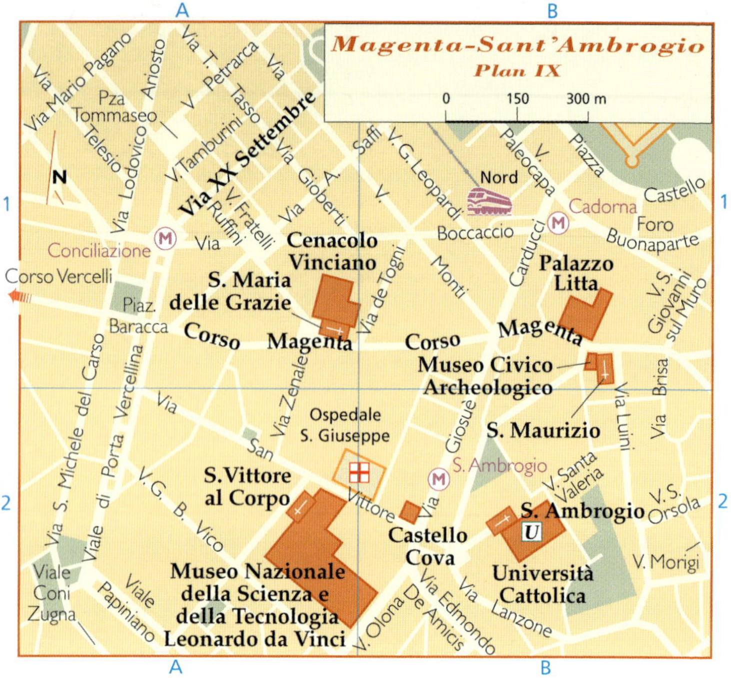

www.vivaticket.it - 8h15-19h - fermé lun., 25 déc., 1er janv. et 1er Mai - réserv. obligatoire (préférable longtemps à l'avance) - 6,50 € + 1,50 € pour la réserv.
L'ancien réfectoire du couvent abrite une des peintures les plus connues au monde, **La Cène★★★** de **Léonard de Vinci**, exécutée entre 1495 et 1497. Maintes fois restaurée, pratiquement dès son achèvement, cette fresque doit son salut lors des bombardements de la Seconde Guerre mondiale à des sacs de sable. La perspective et les mouvements des apôtres autour de Jésus sont saisissants. Remarquez aussi la belle fresque de la **Crucifixion★** peinte par **Montorfano** (1495).

Par la via Fratelli Ruffini, vous accédez à un joli quartier où les belles rues s'ordonnent autour de la **via XX Settembre**. Vous y verrez des immeubles et hôtels particuliers fin 19e s.-1910 (via Saffi, via Tamburini, piazza Tommaseo…).

Les quartiers nord et Monza

Témoins de l'expansion rapide de la ville depuis cent ans, les quartiers nord s'ordonnent autour de vastes et longues avenues. Ces perspectives qui ne conduisent nulle part sont déroutantes pour les automobilistes qui cherchent à gagner le centre ! Mais, pour qui veut s'imprégner de la vie quotidienne milanaise, ces quartiers constituent une étape obligée. On y découvre alors des oasis de verdure, des allées privées aux maisons colorées qui évoquent la campagne, d'anciennes villas Renaissance, des immeubles Liberty, des gratte-ciel et l'étonnant cimetière monumental. À quelques kilomètres de Milan, la ville de Monza mérite une escapade d'une demi-journée.

➔**Accès :** Ⓜ Garibaldi (ligne verte) ; Centrale (lignes verte et jaune). Pour visiter les différents endroits, et à moins d'aimer marcher, il est préférable de se déplacer en voiture car les distances sont souvent très importantes d'un lieu à un autre, y compris dans une même zone. Monza est accessible en train depuis la Stazione Garibaldi (15/20mn de trajet).

➔**Conseil :** Comptez une journée pour les quartiers nord, une demi-journée pour Monza.

Cimitero monumentale★

Plan général CD1

Piazzale Cimitero Monumentale 1 - Ⓜ Garibaldi - ✆ 02 88 46 56 00 - www.monumentale.net - tlj sf lun. 8h-18h.

Ce cimetière du 19e s., œuvre néogothique de Carlo Maciachini, vaut le déplacement par la grandiloquence de ses monuments funéraires, dont certains sont de véritables petits palais, réalisés pour certains par des sculpteurs connus comme Mosè Bianchi, Medardo Rosso, Francesco Messina, Pietro Cascella et Giacomo Manzù.

Reposent ici d'éminentes personnalités : l'écrivain Alessandro Manzoni, le peintre Francesco Hayez ou le musicien Arturo Toscanini.

Via Stilicone, vous pourrez voir la **Villa Simonetta**★, de style Renaissance, avec une belle façade à loggias, rare témoignage des villégiatures qui entouraient Milan au 16e s. Elle abrite aujourd'hui le siège d'une école musicale renommée.

Grattacielo Pirelli★

Plan général G1

Piazza Duca d'Aosta - Ⓜ Centrale.

La silhouette élégante du « Pirellone » (127 m de haut), qui date des années 1950, est l'œuvre maîtresse du grand architecte milanais **Gio Ponti** (1891-1979, *voir encadré p. 74*). L'immeuble abrite aujourd'hui les bureaux de la région Lombardie.

Non loin se dresse l'imposant bâtiment de la **Stazione Centrale**★ (1912-1931), réalisée par l'architecte Ulisse Stacchini dans un style éclectique qui mêle le Liberty à la monumentalité du style fasciste.

Certosa di Garegnano★
Hors Plan

Via Garegnano 28. Suivre le viale del Ghisallo direction viale Certosa - tlj 7h-12h, 15h-18h30.
Ancienne chartreuse des 15e-16e s., elle présente une cour tranquille qui précède la belle façade Renaissance. À l'intérieur, très belles fresques baroques du peintre lombard **Daniele Crespi** (17e s.).

Monza★ Hors Plan

À 20 km au nord de Milan. Prendre la viale Zara et viale Fulvio Testi, puis la SP 58. Trains au départ de la Stazione Garibaldi.
L'agréable centre-ville est dominé par la **façade★★** de la **cathédrale★** (13e-14e s.), composée d'assises alternées de marbres blancs et noirs, due à Matteo da Campione, l'un des *maestri campionesi* qui divulguèrent le style lombard en Italie. La chapelle de **Théodolinde** abrite une copie de la **couronne de fer★★** (5e-9e s.) des rois lombards, offerte à cette reine par le pape Grégoire le Grand (v. 540-604). L'original se trouve dans le **trésor★**. ✆ *039 32 63 83 - www.museoduomomonza.it - tlj sf lun. 9h-13h, 14h-18h - 6 € (musée), 4 € (couronne), billet combiné 8 €.*
L'**Arengario** est l'ancien palais communal (fin 13e s.). Il présente une architecture lombarde typique, avec arcades au rez-de-chaussée et grande salle au premier étage. Le balcon était consacré à la lecture des édits.
Le grand **parc de la Villa Reale★★** justifie à lui seul que l'on s'arrête dans cette ville. Il offre de belles promenades entre jardins anglais et vastes perspectives rectilignes. C'est l'ancien parc de la **Villa Reale**, grand édifice de style néoclassique, signé Piermarini, qui fut la résidence d'Eugène de Beauharnais, puis celle d'Humbert Ier, assassiné à Monza par un anarchiste. Pour les passionnés de course automobile, la partie nord du parc accueille le célèbre circuit où se déroule tous les ans une des épreuves du championnat du monde de **Formule 1**.

GIO PONTI, ARCHITECTE ET GÉANT DU DESIGN

L'immeuble de via Dezza 49 (voir p. 68), où vécut Gio Ponti (1891-1979), fut dessiné par ses soins. Né à Milan, où il passa son diplôme de l'École polytechnique, ce poète, peintre, architecte et designer industriel dirigea la Triennale d'art et d'architecture de Milan jusqu'en 1979 et fonda la revue Domus. *Il a laissé dans sa ville natale plusieurs œuvres, parmi lesquelles la tour Pirelli (avec P.L. Nervi) et l'église San Francesco al Fopponino (via Giovio 41, en allant vers le corso Vercelli). Promoteur du rationalisme en architecture pendant l'entre-deux-guerres, Gio Ponti, par ses créations, ses activités de professeur et sa collaboration à la revue* Domus, *a en outre joué un rôle considérable dans la renaissance du design italien d'après-guerre.*

Le parc de la Villa Reale à Monza et ses beaux jardins anglais.

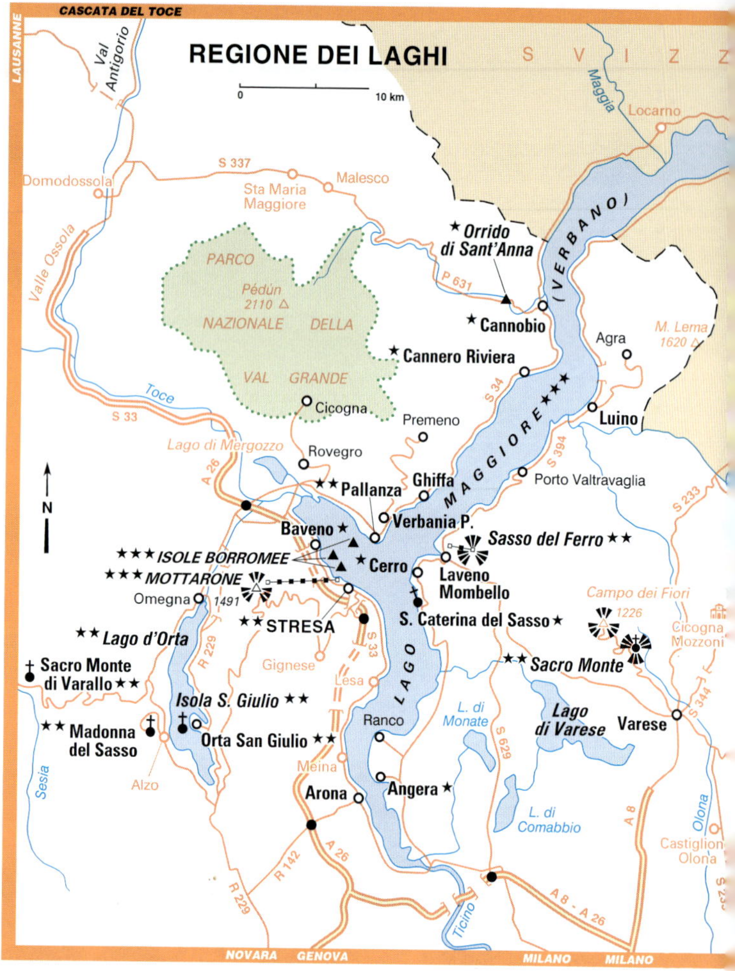
REGIONE DEI LAGHI
0
10 km
CASCATA DEL TOCE
LAUSANNE
NOVARA
GENOVA
MILANO
MILANO
SVIZZ
Val Antigorio
Maggia
Locarno
Domodossola
S 337
Sta Maria Maggiore
Malesco
Valle Ossola
PARCO NAZIONALE DELLA VAL GRANDE
Pédún 2110
★ Orrido di Sant'Anna
P 631
★ Cannobio
(VERBANO)
M. Lema 1620
Agra
★ Cannero Riviera
S 34
MAGGIORE ★★★
Luino
Toce
S 33
Cicogna
Premeno
Lago di Mergozzo
Rovegro
S 394
A 26
Porto Valtravaglia
★★ Pallanza
Ghiffa
S 233
N
Verbania P.
Baveno ★
Sasso del Ferro ★★
★★★ ISOLE BORROMEE
★ Cerro
★★★ MOTTARONE
Laveno Mombello
1491
Omegna
Campo dei Fiori
1226
★★ STRESA
S. Caterina del Sasso ★
Cicogna Mozzoni
★★ Lago d'Orta
S 33
R 229
Sacro Monte di Varallo ★★
Gignese
★★ Sacro Monte
LAGO
Lesa
Isola S. Giulio ★★
Lago di Varese
Varese
S 344
★★ Madonna del Sasso
Orta San Giulio ★★
Ranco
L. di Monate
S 629
Meina
Alzo
Sesia
Arona
Angera ★
L. di Comabbio
A 8
Olona
Castiglione Olona
R 142
A 26
R 229
Ticino
A 8 - A 26

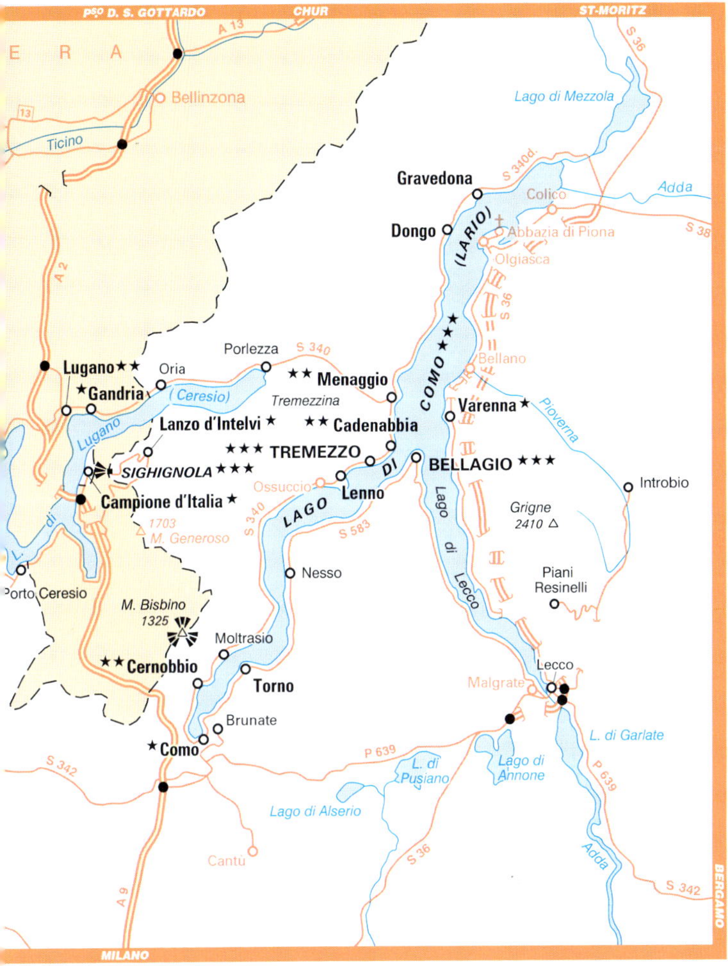
P^SO D. S. GOTTARDO
CHUR
ST-MORITZ
Bellinzona
Ticino
Lago di Mezzola
Gravedona
Colico
Adda
Dongo
Abbazia di Piona
Olgiasca
(LARIO)
COMO ★★★
Porlezza
S 340
Lugano★★
Oria
★★ Menaggio
★Gandria
(Ceresio)
Tremezzina
Varenna★
Pioverna
Bellano
Lanzo d'Intelvi ★
★★ Cadenabbia
★★★ TREMEZZO
BELLAGIO ★★★
SIGHIGNOLA★★★
Ossuccio
Lenno
LAGO DI
Introbio
Campione d'Italia ★
1703 M. Generoso
Grigne 2410
Lago di Lecco
Nesso
Piani Resinelli
Porto Ceresio
M. Bisbino 1325
Moltrasio
★★ Cernobbio
Torno
Lecco
Malgrate
Brunate
★ Como
L. di Garlate
L. di Pusiano
Lago di Annone
Lago di Alserio
Cantù
Adda
S 342
BERGAMO
MILANO

Lac Majeur★★★ et Lac d'Orta★★

Enchâssé tel un joyau dans l'écrin des Alpes enneigées, le lac Majeur, aux eaux couleur saphir, appelle les superlatifs. Ce n'est pas le plus grand d'Italie (le lac de Garde le dépasse de 157 km²), mais la douceur de son climat, l'exubérance de sa végétation, la somptuosité de ses paysages ont depuis longtemps conquis les puissants, qui s'y sont fait bâtir châteaux et villas au milieu d'immenses jardins en terrasses. Les villages bordant ses rives, souriantes villégiatures à l'ombre des palmiers et des magnolias, dispensent sur le lac un panorama unique ; les îles Borromées portent à leur comble le raffinement et l'esthétique. Cependant, le lac Majeur éclipse trop souvent d'autres trésors : moins couru que son grand frère, le lac d'Orta garde le charme des destinations à l'écart des routes touristiques, tandis que les Monts sacrés, classés au Patrimoine de l'Unesco, sèment leurs chapelles baroques parmi les bois.

➔**Accès : En bus** - De la gare de Milan, prenez une navette pour l'aéroport de Malpensa, puis l'Alibus qui dessert toutes les localités de la rive piémontaise jusqu'à Intra. 5 dép./j. de fin mars à fin oct., www.vcoinbus.it. **Carte des lacs pp. 76-77.**

En train - Rive piémontaise : la gare de Verbania est située 8 km à l'ouest du centre en direction de Stresa. Ligne régulière entre Milan et Verbania via Arona et Stresa (comptez 1h15). Rive lombarde : départs vers Milan et Varese (où vous changerez pour Côme) depuis Laveno.

➔**Conseil :** Visitez de préférence la région en avril-mai, au moment de la floraison. Les petits budgets poseront leurs bagages à Laveno, sur la rive orientale.

Lac Majeur : rive lombarde

La rive orientale du lac, côté Lombardie, moins bien exposée que la rive occidentale, est aussi nettement moins touristique. **Luino**, la localité la plus importante, ne manque pas de charme, surtout le mercredi, jour du grand marché. Plutôt nature au nord de **Laveno**, plutôt culture au sud, la rive lombarde recèle quelques sites dignes d'intérêt : le monastère de Santa Caterina del Sasso, près de Laveno, et la majestueuse forteresse d'Angera.

Sasso del Ferro★★ – *En face de Verbania. À 78 km au nord-ouest de Milan.* Ce gros bourg tranquille est le point d'embarquement des ferries qui rejoignent Verbania-Intra.

Au nord du village, un téléphérique conduit au sommet du **Sasso del Ferro** (1 100 m), rendez-vous des parapentistes, d'où l'on jouit d'un vaste **panorama** sur toute la région des lacs. *✆ 03 32 66 80 12 - www. funiviedellagomaggiore.it - service saisonnier - lun.-sam. 11h-17h30, dim. 10h-*

18h30 - trajet 15mn - 9 € AR. Le restaurant panoramique offre un superbe coucher de soleil sur le lac Majeur.
Si vous êtes en jambes, une randonnée à pied rejoint le sommet en 4h30, à partir du village de Cittiglio.
Santa Caterina del Sasso★ – *Près de Leggiuno, env. 4 km au sud de Laveno. Bateau depuis Stresa, avr.-sept. Depuis la rive, escalier de 80 marches ; depuis les parkings, descente par escalier de 268 marches ou en ascenseur. ✆ 03 32 64 71 72 - www.santacaterinadelsasso.com - été : 8h30-12h, 14h30-18h ; hiver : 9h-12h, 14h-17h (nov. et fév. : uniquement w.-end et j. fériés). Laisser une offrande.* Accroché à la falaise surplombant le lac, l'ermitage fut fondé par l'anachorète Alberto Besozzo au 13e s. Sa visite vaut surtout pour la vision très photogénique qu'offre le site lorsqu'on l'approche en bateau.
Angera★ – *À 20 km au sud de Laveno.* La puissante **Rocca Borromea** domine cette petite ville au sud du lac Majeur, révélant un beau panorama sur le lac et les îles. À l'intérieur, dans la salle de Justice, de remarquables **fresques★★** du 14e s. évoquent la vie de l'archevêque Ottone Visconti. La forteresse accueille également un riche **Museo della Bambola★**, musée de la Poupée et des Automates, ainsi que des collections illustrant la mode enfantine chez les enfants des classes aisées à la fin du 19e s. Si vous souhaitez faire une pause, la terrasse de la cafétéria offre une belle vue. *✆ 03 31 93 13 00 - www.borromeoturismo.it - 26 mars-23 oct. : 9h-17h30 - 8 €.*

Lac Majeur : rive piémontaise★★★

La rive occidentale du lac, qui bénéficie du meilleur ensoleillement, concentre les principaux lieux d'intérêt, à commencer par les somptueuses îles Borromées. Plus au nord, entre Stresa et Cannobio, se sont installées de coquettes villégiatures, dont les heureux propriétaires ont été séduits par la beauté des paysages alentour.
Arona – *À 67 km au nord-ouest de Milan.* Au sud-ouest du lac Majeur, cette ville commerçante (sans grand intérêt touristique) forme le premier point d'accès au lac en arrivant de Milan. La promenade le long du lac offre une belle vue sur la Rocca d'Angera. La **statue★** monumentale en bronze de **San Carlone** dresse à la sortie nord de la ville ses 24 m de haut. Exécuté en 1698, ce géant perché sur un socle de 12 m – la deuxième plus grande statue du monde après la statue de la Liberté – représente Carlo Borromeo (saint Charles Borromée), cardinal-archevêque de Milan, qui s'illustra par son courage lors de la peste de 1576. Un escalier intérieur grimpe jusqu'à des fenêtres (les yeux) d'où l'on profite d'une belle vue. *✆ 03 22 24 96 69 - avr.-sept. : 9h-12h30, 14h-18h15 ; oct.-déc. et mars : w.-end 9h-12h30, 14h-16h30 (déc. seult dim.) - fermé janv.-fév., 25-26 déc. - 4 €.*
Stresa★★ – *À 18 km au nord d'Arona.* La proximité des îles Borromées fait de Stresa, villégiature paisible aux belles villas Liberty, l'une des localités les plus fréquentées des bords du lac. Bien que son centre historique, avec de petites

LES CONFÉRENCES DE STRESA

Stresa a accueilli plusieurs conférences politiques de portée historique. La plus importante s'est déroulée dans le palais d'Isola Bella, les 11 et 12 avril 1935, réunissant Mussolini et les représentants britanniques et français. Les trois pays s'étaient mis d'accord pour s'opposer au réarmement de l'Allemagne. Mais le soutien apporté par Hitler à la conquête italienne de l'Éthiopie la même année fit basculer l'Italie dans le camp allemand. En 1958 se tint à Stresa la conférence européenne fondatrice de la politique agricole commune puis, en 2004, l'une des conférences de l'Organisation mondiale du commerce (OMC).

rues bordées de commerces alléchants, soit assez resserré, le bourg est très étendu le long du lac vers le nord, où se succèdent des palais 1900. À ce niveau, une promenade procure un beau point de vue sur les îles Borromées depuis la rive.

Dans le secteur des palais se trouve le **funiculaire du Mottarone** *(Piazzale Lido 8 - ✆ 03 23 30 295 - www.stresa-mottarone.it - mars-nov. : 9h30-17h30 ; reste de l'année : 8h30-16h50, dernier départ du sommet à 17h - 17,50 € AR, supplément avec VTT)*, qui grimpe à 1 491 m en 20mn. Entre le lac Majeur et le lac d'Orta, le balcon du Mottarone offre une inoubliable vue **panoramique**★★★ à 360° sur le massif du Mont-Rose et les sept lacs de la région : Majeur, Orta, Mergozzo, Varese, Comabbio, Monate, Biandronno. Les flancs du Mottarone se prêtent au parapente, à la randonnée, au VTT et, bien sûr, au ski en hiver.

À mi-pente, le **Giardino botanico alpinia** *(✆ 03 23 30 295 - www.giardinoalpinia.it - avr.-oct. : 9h30-18h - 2 €)* regroupe 1 000 espèces de plantes de plaine ou d'altitude du massif alpin ainsi que des variétés asiatiques. *Accès par le funiculaire 12 € A/R + 2 € pour l'entrée du jardin.*

À l'opposé de la ville, la **Villa Pallavicino**★ accueille sur 20 ha un vaste parc animalier (kangourous, zèbres, lamas) et un jardin botanique : une visite tout indiquée avec des enfants. *✆ 03 23 31 533 - www.parcozoopallavicino.it - mars-oct. : 9h-18h - 9 €. Petit train depuis l'embarcadère de Stresa : 9h30-16h30 - 4 € AR.*

Les îles Borromées★★★ – *Embarcadère de Stresa - ✆ 03 23 30 556 - www.borromeoturismo.it. Procurez-vous l'horaire des bateaux pour organiser vos trajets entre les îles. Ticket de libre circulation pour les 3 îles, 16,50 € - forfait bateau + visite du palais d'Isola Bella et Isola Madre en vente au débarcadère : 25 € - comptez une petite journée.*

Également appelés îles Verbana, ces trois îlots face à Stresa ont pris le nom de la famille princière des Borromée (*voir p. 84*), qui s'y installa à partir du 15e s. et en est toujours propriétaire.

L'**Isola Bella**, la plus visitée (évitez la pleine saison touristique), est presque entièrement occupée par le palais monumental que fit construire Charles III Borromée au 17e s. *15-mars-15-oct. : 9h-*

17h30 - 12 € (Galleria Berthier 4 €) ; billet combiné avec Isola Madre 17,50 €.
L'île fut nommée en l'honneur d'Isabella, la femme de Charles III. La grâce de l'architecture baroque, la recherche d'une harmonie subtile entre la création humaine et la nature se lisent au détour des fastueux salons et des jardins à l'italienne. Le palais, où Napoléon séjourna en 1797, accueillit la conférence de Stresa en 1935 *(voir l'encadré ci-contre)*. Après les salles d'apparat, où alternent style baroque et motifs antiques, on visite le « piano nobile » avec la très belle **Galleria Berthier** abritant des chefs-d'œuvre du baroque lombard. Le parcours conduit aux **grottes**, une série de salles baignées de fraîcheur où rocaille et coquillages évoquent les fonds marins.
Les **jardins**, disposés en gradins et agrémentés de statues inspirées de la mythologie, relèvent du décor de théâtre.À ne pas manquer en avril, lorsque fleurissent camélias et rhododendrons.
L'**Isola dei Pescatori**, appelée aussi isola Superiore, s'avère très photogénique depuis le bateau. C'est la seule qui soit habitée, notamment par des pêcheurs. Vous y trouverez plusieurs restaurants sympathiques et une plage.
L'**Isola Madre** *(10 € ; billet combiné avec Isola Bella 17,50 €)* est la plus éloignée de Stresa et la plus vaste de l'archipel. Elle est couverte par un jardin de 8 ha composé avec des plantes rapportées des cinq continents depuis le 19e s., parmi lesquelles circulent des paons. Dans le palais, théâtre de marionnettes de la maison Borromée.

Baveno★ – *À env. 5 km au nord de Stresa.* Cette station, que fréquenta la reine Victoria, s'est dotée au 19e s. de somptueuses villas Art nouveau et offre de belles vues sur les îles Borromées. Elle propose de nombreuses infrastructures touristiques, avec plusieurs campings agréables. Au centre du village, un **baptistère** dont les premières pierres furent posées au 5e s. est orné de fresques Renaissance et côtoie une église romane, dans une belle juxtaposition de styles.
En poursuivant vers le nord, on arrive au charmant bourg de **Feriolo**. Sur sa belle promenade, les cafés accueillent des groupes musicaux en été.
Verbania – *À 10 km à l'est de Baveno. Comptez 4 km entre les quartiers d'Intra et de Pallanza (bus ttes les 40mn).* La plus importante commune du lac Majeur regroupe plusieurs *frazioni* (quartiers), dont **Suna**, **Pallanza** et **Intra**. La paisible Pallanza présente le plus de charme, tandis qu'Intra revêt l'aspect d'une ville moderne et active, où les voitures viennent embarquer sur le ferry qui mène à Laveno, sur la rive lombarde.
Pallanza★★ – Le quartier touristique de Verbania se présente comme une agréable villégiature, avec ses nombreux cafés et restaurants. En prenant de la hauteur à l'occasion d'une balade à pied ou à vélo, vous pourrez apprécier la luxuriance de la végétation qui entoure la localité, laquelle se pare au printemps de l'éclatant camaïeu de rose et de rouge des camélias et des rhododendrons. Au cœur du quartier, la charmante église romane **Madonna di Campania** arbore

une coupole octogonale à arcades et colonnettes. Passez le portail pour découvrir ses fresques des 15e (Vierge allaitant) et 16e s. (ange musicien).
Le **Museo del Paesaggio** présente des tableaux de paysage des 19e et 20e s., une collection de plâtres du 19e s. et une section archéologique rassemblant des objets de l'époque romaine. *Via Ruga 44 - ✆ 03 23 55 66 21 - www.museodelpaesaggio.it - tlj sf lun. 10h-12h, 15h30-18h30 - 5 €.*
La **Villa Giulia** ouvre sur un agréable jardin public *(via Vittorio Veneto - 9h-18h, entrée libre)* avec une petite cafétéria en terrasse face au lac et aux sommets enneigés de la frontière suisse.
Villa Taranto★★ – *À 30mn de marche de l'embarcadère de Pallanza, sur la route d'Intra. ✆ 03 23 55 66 67 - www.villataranto.it - fin mars à fin oct. : 8h30-18h30 - 9,50 € ; restaurant et bar sur place.* Elle fut achetée dans les années 1930 par le capitaine Neil Mc Eacharn, qui la rebaptisa en l'honneur de son aïeul Mac Donald, fait duc de Tarente par Napoléon. Conjuguant les styles français, italien et anglais, ses magnifiques **jardins** accueillent 20 000 espèces de plantes, répartis en terrasses et ponctués de fontaines ou de bassins à nénuphars. Deux circuits fléchés, l'un de 1,8 km *(1h10)*, l'autre de 2,7 km *(1h30)*, sillonnent les lieux à travers les fougères arborescentes ou des cyprès que l'on croyait disparus… Un ravissement pour les yeux et les narines. Pour une balade à pied *(1h30)* ou à vélo, longez le lac par la via Troubetzkoy, en direction du sud, jusqu'à la via Buon Rimedio, que vous traversez ; un itinéraire fléché à travers bois conduit jusqu'au village de **Cavandone** *(plan à l'office de tourisme).*
Sacro Monte di Ghiffa – *Environ 6 km au nord de Verbania par la SS 34. Bus ttes les 15mn de Verbania-Intra. ✆ 03 23 59 870 - www.sacromonteghiffa.it.* Au-dessus du village de Ghiffa, dans la montagne, se dresse une série de chapelles baroques dont l'environnement, classé réserve naturelle, a été pourvu d'aires de pique-nique et de sentiers balisés. Une belle balade à pied en fait le tour. *Comptez 1h de Caronio à Cargiago puis 30mn de Cargiago à Sacro Monte.* D'autres itinéraires sont proposés sur www.sacromonteghiffa.it, accompagnés d'une excellente carte topographique ; parmi eux, un **itinéraire archéologique** montre des roches gravées datant du néolithique et procure un magnifique **point de vue** sur le lac Majeur.
De juin à septembre, le 3e dimanche du mois, une foire de la Ste-Trinité anime les lieux.
À Ghiffa, un petit **Museo dell'Arte del Cappello** retrace l'histoire des couvre-chefs de la célèbre fabrique Panizza. *Corso Belvedere 279 - ✆ 03 23 59 174 - avr.-oct. : w.-end 15h30-18h30.*
Cannero Riviera★ – *À 16 km au nord de Verbania.* Accroché aux pentes du Monte Carza, ce village tient son nom de son climat, le plus doux de la région du lac Majeur, et de sa végétation, où les palmiers se mêlent aux camélias, aux oliviers et aux citronniers. De la rive, que longe une agréable promenade bordée de magnolias, on aperçoit les îlots sur lesquels se dressent les ruines des

Sur l'Isola Bella, les jardins en gradins du palais de Charles III Borromée.

LA FAMILLE BORROMÉE

Originaires de Toscane, les Borromée en furent chassés au 14e s. après s'être opposés à Florence. Habiles marchands et banquiers, ils acquirent une colossale fortune qui leur permit d'acheter des terres en Lombardie et de passer des alliances avec les grandes familles de la région, les Visconti et les Sforza. D'où leur blason, qui comporte trois anneaux entrelacés et symbolise l'alliance entre les trois familles. Plusieurs Borromée furent également princes de l'Église, comme saint Charles Borromée (Carlo Borromeo), dont la statue domine la ville d'Arona (voir p. 79).

châteaux de Malpaga (14e s.).
Le sentier pédestre qui rejoint **Oggiogno**, à 515 m, offre des perspectives remarquables sur le lac. *Comptez 2h de marche facile. De là partent diverses randonnées vers les villages alentour : rens. à l'office de tourisme.*

Cannobio★ – *À 23 km au nord de Verbania.* La proximité de la frontière suisse se décèle dans l'architecture de ce village, dont la partie haute, commerçante, englobe le **Palazzo della Ragione**. Cet ancien hôtel de ville du 13e s. accueille des expositions. Dans la partie basse, près du lac, les terrasses des cafés s'alignent sous les arcades, à proximité de l'important sanctuaire Renaissance de la **Madonna della Pietà**, lequel renferme des décors baroques et un retable du 16e s.
À l'ouest de Cannobio, les rives du Cannobino se prêtent à la baignade en été, près du village de **Traffiume**.
En amont de la rivière, l'**Orrido di Sant'Anna★** dessine une impressionnante gorge, bordée de hautes falaises de schiste, au fond de laquelle les eaux se précipitent en cascades écumantes.
En s'enfonçant dans la vallée, on retrouve des paysages grandioses dans les environs du village de **Cavaglio San Donnino**.

Lac d'Orta★★

Moins grandiose ou plus romantique ? Séparé du lac Majeur par le massif du Mottarone, le lac d'Orta, bien plus petit, attire moins de touristes. Et pourtant, le magnifique site d'Orta San Giulio, où vous trouverez le gîte et le couvert, et ses environs méritent vraiment le détour.
Orta San Giulio★★ – Situé sur une presqu'île avançant dans la moitié sud du lac, le ravissant village, auquel on accède par des rues en pente raide et des escaliers, étire ses ruelles bordées de maisons anciennes le long du lac.
Face au débarcadère, le **Palazzotto★**, l'ancien palais communal du 16e s., est orné de fresques et accueille des expositions temporaires.
Isola San Giulio★★ – *✆ 33 36 05 02 88 - www.comune.ortasangiulio.no.it - été : 9h-18h, hiver : 9h-12h, 14h-17h. Pas de visite pendant les offices, célébrés avec des chants grégoriens. Accès par bateau public, été : 9h-18h30, départ ttes les*

15mn ; hiver : 9h-17h, ttes les 40mn - 3 € AR. Bateaux-taxis privés à la demande. C'est la nuit, depuis le village, que l'on a la plus belle vue sur l'île. Un éclairage artistique la rend alors presque irréelle. La **basilica San Giulio** domine cette île de 300 m de long sur 160 de large. Elle aurait été fondée par saint Jules au 4e s. À l'intérieur, remarquable **ambon★** (chaire) du 12e s. en serpentine noire, orné des symboles des évangélistes, et belles **fresques** de l'école de Gaudenzio Ferrari (16e s.). Dans la crypte, une châsse renferme le corps de saint Jules.

Sacro Monte d'Orta★ – *À 1,5 km d'Orta San Giulio. Accès par le petit train.* Perché sur une colline dominant le lac, dans un site classé réserve naturelle, ce Mont sacré regroupe vingt **chapelles baroques** (16e-17e s.) dédiées à saint François d'Assise. Toutes sont décorées de fresques et peuplées de personnages polychromes en terre cuite évoquant des épisodes de la vie du saint de manière à la fois réaliste et théâtrale.

Au pied de la colline, le minaret de la **Villa Crespi**, une demeure de style mauresque transformée en hôtel de luxe.

Contourner la pointe sud du lac jusqu'à Alzo, d'où l'on monte jusqu'au sanctuaire de la Madonna del Sasso.

Madonna del Sasso★★ – *À 5 km d'Alzo.* De la terrasse de l'église, magnifique vue sur le lac et les montagnes vertes.

Revenir à Alzo et prendre la direction de **Varallo** *à une vingtaine de kilomètres du lac, à l'ouest.* Ce centre industriel et commercial du Val Sesia est célèbre pour son pèlerinage du **Sacro Monte★★**, qui regroupe 43 **chapelles★★★** dédiées au Christ (fresques, sculptures, certaines de G. Ferrari) et bâties au 15e s.

Lac de Varese

À 25 km au sud-est de Laveno Mombello. Agréable et vivante, **Varese** est une ville moderne et agréable qui s'étend non loin du lac homonyme. Son climat doux et ensoleillé est dû à la proximité des lacs lombards. **Villa Panza**, bâtie à la moitié du 18e s., abrite une collection d'art contemporain qui s'harmonise de façon inattendue avec ce cadre classique. *Piazza Litta 1 - ✆ 03 32 28 39 60 - www.fondoambiente.it/beni/villa-e-collezione-panza.asp - tlj sf lun. 10h-18h - 8 €.*

Le **Sacro Monte di Varese★★** *(à 8 km au nord-ouest de la ville)* se compose de 14 chapelles du 17e s., ornées de fresques en trompe l'œil et de sculptures en terre cuite. Du sommet, magnifique **vue★★** sur les lacs et les monts environnants.

LES MONTS SACRÉS

Inscrits à l'Unesco depuis 2003, les Monts sacrés ont été construits à partir du 15e s. à l'initiative des frères mineurs, gardiens du St-Sépulcre, afin de disposer de lieux de prière semblables à ceux de Jérusalem et de Palestine. Plus tard, après le concile de Trente, ces Sacri Monti se sont multipliés au Piémont et en Lombardie – on en compte 11 – pour combattre l'influence de la Réforme.

Lac de Côme★★★

Sur les rives du lac de Côme, les cyprès, les oliviers et les palmiers dialoguent avec les massifs de rhododendrons et d'azalées, en un mariage harmonieux d'essences méditerranéennes et tempérées. Séduits par la magie des lieux, esthètes et mécènes du 19e s. ont installé de somptueuses collections de peinture et de sculpture dans leurs villas enfouies sous la vigne vierge et les rosiers grimpants, au milieu des terrasses de leurs jardins à l'italienne ou à l'anglaise. Dominé presque toute l'année par les cimes enneigées des Alpes, le lac de Côme, appelé aussi Lario, conjugue avec élégance les beautés de la nature et celles de l'art. De Côme, capitale de la soie, à Bellagio et Cernobbio, les villages s'étalent sur la berge ou s'accrochent à flanc de colline, aimables stations climatiques prisées par les acteurs de cinéma et la jet-set internationale. Faite de surplombs et de tunnels, la route qui contourne le lac dévoile des panoramas uniques. Profitez de votre séjour pour vous éloigner des routes touristiques et visiter l'arrière-pays du Val d'Intelvi, près de la partie italienne du lac de Lugano, à la frontière suisse.

➔**Accès : En bus** - Gare routière, piazza Matteotti, au centre de Côme, ✆ 03 12 47 247. Liaisons fréquentes avec la compagnie SPT vers toutes les localités du pourtour du lac et Bergamo. **Carte des lacs pp. 76-77.**

En train - Gares de Côme : Stazione Lago Nord (gare principale) pour les dessertes locales jusqu'à Milan, et San Giovanni (piazzale San Gottardo) pour les grandes lignes et la Suisse.

➔**Conseil :** Faites le tour du lac en bus et bateau plutôt qu'en voiture. Comptez deux journées.

Como★

Important centre commercial et industriel, Côme déborde largement les limites de son centre historique, mais c'est à l'intérieur de ses **remparts**, bien conservés, que vous trouverez l'essentiel de ses curiosités. Vous n'y verrez pas grand trace de l'ancienne cité romaine qui vit naître les deux érudits Pline le Jeune et Pline l'Ancien ; les Milanais, qui la détruisirent en 1127, n'en surent pas moins tirer parti du savoir-faire de ses artisans maçons et de ses tisserands, qui apprirent le **travail de la soie** dès le Moyen Âge. Leurs techniques se perpétuent dans les fabriques de la région.

Le centre historique – Le monumental **Duomo★★** *(7h-12h, 15h-19h)* associe les styles gothique, Renaissance et classique ; l'architecte Filippo Juvarra y ajouta une touche baroque au 18e s. en le dotant d'une grande coupole octogonale. Le décor de la **façade★★** (1484) fourmille de statuettes finement réalisées qui n'ont d'égales que les élégantes sculptures du portail nord

Le joli village de Varenna sous le soleil déclinant.

ALBERGO MILANO

(16e s.), dit « della Rana » : une grenouille *(rana)* est en effet représentée sur l'un des pilastres. L'**intérieur★** montre de belles **tapisseries★** des 16e et 17e s.
Accolé à la façade du Duomo, le **Broletto★★**, surmonté de la tour de l'Horloge, est l'ancien palais communal du 13e s.
En remontant la via Vittorio Emanuele II, principale artère commerçante, on atteint l'ancien forum romain où, parmi les maisonnettes médiévales et les arcades, se dresse **San Fedele★**, une basilique de style roman lombard (12e s.) aux portails couverts de sculptures. Splendide **chœur★** à l'intérieur.
Installé dans l'ancien Palazzo Giovio, le **Museo civico** renferme mosaïques et statues témoignant de l'époque romaine de la ville. *Musée municipal, piazza Medaglie d'Oro 1 - ✆ 03 12 52 550 - 9h30-12h30, 14h-17h, dim. 10h-13h - fermé lun. - 3 €.*

Près du lac et du monument aux morts, un petit édifice néoclassique, le **Tempio Voltiano** (temple de Volta), célèbre la mémoire du savant **Alessandro Volta** (1745-1827), né à Côme, qui inventa la pile électrique et donna son nom au volt. *Viale Marconi - ✆ 03 15 74 705 - avr.-sept. 10h-12h, 15h-18h (oct.-mars 14h-16h) - fermé lun. - 3 €.*
Aux abords du centre historique – Chef-d'œuvre de l'architecture romane lombarde (11e s.), la **basilica di Sant'Abbondio★** dresse ses deux tours-clochers carrées *(à env. 1 km au sud-ouest de Côme)*. Sa **façade★** est précédée d'un beau portail. À l'intérieur, de remarquables **fresques★** du 14e s. retracent la vie du Christ dans une harmonieuse gamme de beiges et de rouges.
Majestueux édifice néoclassique, la **Villa Olmo** est bâtie sur la rive sud du lac *(à env. 2 km du cœur historique, à droite sur la route de Cernobbio)*. Vous la rejoindrez par un plaisant chemin piétonnier longeant la rive. Les jardins qui l'entourent offrent une belle **vue★** sur Côme et le lac. *Accès aux jardins uniquement. Via Cantoni 1 - ✆ 03 12 42 543 - été : 8h-23h ; hiver : 9h-19h - gratuit.*
Si le travail de la soie vous intéresse, rendez-vous au **Museo didattico della Seta** : vous n'ignorerez plus rien de la sériciculture, du filage ni du tissage, de la teinture ou de l'impression, qui constituent toujours une activité économique importante dans la région. *Musée de la Soie – Via Castelnuovo 9 (prendre la route de Varese et suivre le fléchage) - ✆ 03 13 03 180 - www.museosetacomo.com - mar.-vend. 9h-12h, 15h-18h - 10 €.*
Dans les années 1930, Côme servit de terrain d'expérimentation pour les architectes adeptes du rationalisme architectural. Le **Novocomum** *(via Giuseppe Sinigaglia 1)* et le **Palazzo del Popolo** *(autrefois Casa del Fascio, piazza Verdi)*, signés Giuseppe Terragni, sont les exemples les plus significatifs de ce courant prônant l'utilisation des matériaux nouveaux (béton armé, vastes surfaces vitrées).
Pour profiter d'un splendide panorama sur le lac et la ville, prenez le **funiculaire** qui monte à **Brunate**, un village perché à la limite nord-est de Côme. *Piazza A. de Gasperi 4 - ✆ 03 13*

03 608 - www.funicolarecomo.it - tlj 6h-22h30 (0h en été) - 5,10 €.
De là partent plusieurs sentiers de randonnée balisés.

De Côme à Bellagio★★

Env. 30 km par la P 583. Soyez vigilant au volant car la route, par endroits étroite, est souvent encombrée. Comptez une bonne demi-journée.
La route, qui réserve de beaux paysages, est jalonnée de haltes gastronomiques dans de charmants villages comme **Torno**, où l'église San Giovanni (14e s.) est dotée d'un **portail**★ de style Renaissance lombarde.
Pour apprécier au mieux la balade, faites l'aller en bus et le retour en bateau.
Bellagio★★★ – *À 45mn de Côme par la route (30 km).* Depuis longtemps appréciée pour son climat et son magnifique panorama, Bellagio se situe à la jonction des lacs de Côme et de Lecco. Principale localité de la rive, l'élégante bourgade portuaire est fréquentée par la jet-set européenne depuis le 19e s.
Des berges du lac partent des ruelles en escalier, le long desquelles s'étagent maisons et boutiques de soieries ; la **salita Serbelloni** est l'une des plus commerçantes.
Si la **basilique San Giacomo**, en haut, est un bel exemple de style roman lombard, ce sont les **villas** de Bellagio qui constituent ses vrais trésors. Leurs extraordinaires **jardins**★★ montrent, au sein de paysages somptueux, orangers et cactées, rhododendrons et roseraies sur lesquels veillent des statues antiques. Ceux de la **Villa Serbelloni** se visitent *(piazza Chiesa 14 - ✆ 03 19 51 555 - visite guidée avr.-oct. : mar.-dim. sf en cas de mauvais temps, RV sur la place à 11h ou à 15h30 - 8 €)*, ainsi que ceux de la **Villa Melzi** *(via Melzi d'Eril 8, à 1 km sur la route de Côme - ✆ 339 45 73 838 - www.giardinidivillamelzi.it - mars.-oct. : tlj 9h30-18h30 - 6 €)*, qui inspirèrent Franz Liszt lors de son séjour à Bellagio en 1837. Le sobre bâtiment néoclassique a appartenu à Francesco Melzi d'Eril, l'un des alliés de Napoléon en Italie, qui est inhumé dans les jardins. La villa abrite un petit musée archéologique.
Si l'envie vous prend de contempler le lac depuis un point de vue exceptionnel, montez jusqu'à l'hôtel Il Perlo Panorama, situé au-dessus de la punta Spartivento, la « pointe qui sépare le vent ».

Varenna★

À 53 km au nord-est de Bellagio (en voiture) et 30 km au nord de Lecco. Prendre le bateau depuis Menaggio ou Bellagio.
Seul véritable centre d'intérêt touristique de la rive orientale au nord de Bellagio, Varenna mérite vraiment la traversée. De l'embarcadère de ce bourg paisible part une agréable promenade ménagée en surplomb de la rive.
À l'issue de la balade, dans un environnement de cyprès et de palmiers, apparaît la magnifique **Villa Monastero**, belle maison Renaissance construite sur le site d'un ancien couvent. *✆ 03 41 295 450 - www.villamonastero.eu - musée : w.-end (tte l'année) 9h-18h ; jardins : avr.-nov. 9h-18h (vend. 14h-19h en été) - jardins 5 €, musée et jardins 8 €.*

Ses vastes **jardins★** en terrasses, décorés de sculptures et de colonnes Renaissance, sont plantés de citronniers, camélias et rhododendrons. Ils offrent l'une des plus belles perspectives sur le lac.

La villa abrite un **musée** qui rassemble des collections de tableaux, tapisseries et mobilier de différentes époques, ayant appartenu aux occupants successifs.

De Côme à Domaso★★

La route de la rive occidentale du lac est la plus touristique, et par conséquent la plus encombrée.

Pour jouir pleinement du paysage et admirer les villas, faites l'aller en bus et le retour en bateau.

Cernobbio★★ – *À 4 km au nord de Côme par la S 340.* Les membres de la jet-set se retrouvent dans cette cité bordant le lac où ils séjournent à la **Villa d'Este**, une splendide construction Renaissance transformée en hôtel de luxe bien gardé. De la piazza del Risorgimento, près du débarcadère, beau point de vue sur le lac.

Autour de Lenno – *À 26 km au nord de Côme par la SS 340.* Ce secteur bien abrité se prolonge par un cap, la **Punta Balbianello**, qui surgit comme une sentinelle au-dessus du lac.

À la pointe du cap, la **Villa del Balbianello★★★** se dresse parmi les cyprès et les cèdres dans un cadre enchanteur. Cette villa du 18e s. fut la propriété d'un cardinal avant d'appartenir à l'explorateur Guido Monzoni, qui y installa ses collections d'art asiatique, africain et océanien.

Les jardins sont magnifiques, tout comme l'intérieur de la villa. *Accès par un chemin depuis l'église de Lenno, mar., w.-end et j. fériés, ou en bateau depuis Côme, Sala Comacina et Lenno. ✆ 03 44 56 110 - www.fondoambiente.it - mi-mars-mi-nov. : tlj sf lun. et merc. 10h-18h - jardins 6 €, jardins et villa (visite guidée) 12 €.*

Isola Comacina★ – *Accès de Sala Comacina par bateau-taxi, ou de Lenno, 2 km au nord, par bateau régulier.* Au sud de la presqu'île, cet îlot boisé aurait été un important centre cultuel dans l'Antiquité, comme l'attestent les vestiges qu'on y a retrouvés. Il offrit par la suite un refuge aux chrétiens fuyant les invasions barbares ; des légendes, dont celle du Graal, sont attachées à ce lieu paisible, devenu un repaire d'artistes. Pour la St-Jean, un feu d'artifice illumine l'île.

Tremezzo★★★ – Les pentes couvertes de cyprès, de palmiers et d'oliviers plongent dans le lac et font de ce site l'un des plus photogéniques de la région. Les jardins en terrasses du **parc communal** se prêtent à la promenade et au pique-nique.

Non loin, la **Villa Carlotta★★**, perle de la couronne de villas entourant le lac, enchanta Stendhal et Flaubert. *Via Regina 2 - ✆ 03 44 40 405 - www.villacarlotta.it - avr.-sept. : 9h-18h ; mars et oct. : 10h-16h - 8,50 €.* Le domaine fut d'abord la propriété des Clerici, une grande famille milanaise des 16e-18e s. Il passa ensuite entre les mains du marquis de Sommariva, esprit brillant, financier habile et politicien proche de Napoléon, à qui l'on doit le site actuel et l'essentiel des œuvres d'art

Au milieu des vignobles, Sondrio, chef-lieu de la Valteline.

qu'il contient. En 1843, la villa et ses collections furent achetées par le prince Albert de Prusse et sa femme, qui la léguèrent à leur fille Carlotta (Charlotte) lors de son mariage avec le duc de Saxe-Meiningen.
Les **jardins★★** se font enchanteurs au printemps, lorsque les rhododendrons et les azalées fleurissent sur les terrasses en étages sur le lac. La villa détient une remarquable collection de toiles et de sculptures des 18e et 19e s., dont un splendide **Amour et Psyché** en marbre de Carrare (copie du chef-d'œuvre de Canova par A. Tadolini). Magnifique **vue** depuis le balcon.
Cadenabbia★★ – Délicieuse villégiature dans un superbe site, face à Bellagio, elle est reliée à Tremezzo et à la Villa Carlotta par une allée de platanes, la via del Paradiso.
Menaggio★★ – Palais, villas et jardins ont investi les rives et les hauteurs de cette agréable villégiature, riche en outre de quelques bonnes tables et d'où part le ferry pour Varenna.
La **Villa Mylius Vigoni** se dresse à flanc de colline. Le banquier allemand Heinrich Mylius en fit l'acquisition en 1829 et y abrita une riche collection de tableaux, statues, mobilier et vaisselle des 18e et 19e s. *À 20mn à pied de Menaggio, quartier de Loveno, sur la route de Lugano, bus C13 - ✆ 03 44 36 111 - www.villavigoni.it - visite guidée le jeu. sur réserv. - 10 €.*
C'est à **Dongo** que Mussolini et sa maîtresse, Clara Petacci, furent capturés le 27 avril 1945 avant d'être exécutés *(voir p. 100)*.
Gravedona – Active localité, Gravedona recèle un port de plaisance et une intéressante église, **Santa Maria del Tiglio★**, de style romano-lombard. La partie nord du lac a peu de charme.

La Valtellina★★ Hors Plan

105 km de Colico à Bormio. Comptez une journée.
La Valteline est une vallée alpine creusée par l'Adda qui, du nord de Bormio, descend vers le sud pour se jeter dans l'extrémité septentrionale du lac de Côme. La Valteline égrène son patrimoine artistique et historique aux nombreuses influences : celtiques, carolingiennes, lombardes et méditerranéennes. Propice aux sports de plein-air (du VTT à l'alpinisme, en passant par le ski, le canyoning et le rafting), la vallée offre plusieurs sites thermaux et des spa bien équipés. Elle a su conserver un artisanat de qualité et cultive l'art de la bonne table et du bon vin, grâce à ses traditions culinaires et viticoles.
Chiavenna – *À 30 km au nord du lac.* La Valchiavenna est la partie la plus occidentale de la Valteline, perpendiculaire au bassin de l'Adda. La ville qui donne le nom à la vallée est connue pour ses *crotti*, des grottes naturelles où l'on conserve fromages et vins et où l'on sert des spécialités locales. À voir dans le centre historique, les portails de la via Dolzino et les fresques du Palazzo Pretorio. Au-dessus du **Palazzo Balbiani**, s'élève la « rupe del Paradiso », parc archéologique et botanique qui comprend le **Museo**

Naturalistico. *☏ 03 43 33 795 - de fin mars à fin oct. : tlj sf lun. 10h-12h, 14h-18h ; reste de l'année : tlj sf lun. 14h-17h, dim. 10h-12h, 14h-17h - 2 €.*

Morbegno – *À 20 km à l'est de Colico.* Cette petite ville animée est un excellent point de départ pour visiter le Val Gerola, la Valle di Albaredo et le Val Masino. Le **Val Gerola** *(au sud, 40 km AR de Morbegno à Pescegallo par la SP 7)* est l'une des deux vallées creusées par le torrent Bitto, qui a donné son nom à l'un des meilleurs fromages des Alpes. Les paysages sont splendides. Parmi les bourgs que l'on rencontre, faites une halte dans le joli **Gerola Alta★**.

Le **Val Masino** est une belle et profonde vallée granitique, fort appréciée par les amateurs d'alpinisme. À 1 178 m d'altitude, les eaux thermales de **Bagni del Masino** jaillissent à 38 °C dans un endroit adorable.

Revenir sur la S 38 et poursuivre vers l'est.

Sondrio – Le chef-lieu de la Valteline est situé au cœur d'une zone de vignobles. Le **Castello Masegra★**, le seul des trois châteaux du système défensif des Grisons resté sur pied, domine la ville, à l'embouchure du Valmalenco. Il accueille un musée d'histoire qui raconte les trois siècles de domination des Grisons dans la Valteline. À l'ouest de la ville se trouve le **Santuario della Madonna della Sassella★**, du 14e s., avec un portail du 16e s., de belles fresques et un précieux autel en bois.

À 16 km de Sondrio se trouve **Teglio**, localité qui a donné son nom à la Valteline *(Tellina Vallis)*, déjà habitée à l'époque préhistorique (musée archéologique dans le **Palazzo Besta** (1433).

Tirano – Cette petite ville, arrosée par l'Adda et le Poschiavino, accueille le **sanctuaire de la Vierge de Tirano★** construit à partir de 1505 sur le lieu d'une apparition de la Vierge. L'église, dont la façade date de 1676, présente une somptueuse décoration baroque avec des fresques de Cipriano Valorsa di Grosio (1575-1578), aussi appelé le « Raphaël de la Valteline ».

Grosio, à 14 km au nord-est de Tirano, se trouve sur un territoire déjà habité à l'âge de bronze, comme en témoigne le **Parco delle Incisioni Rupestri★** (parc des gravures rupestres), qui se trouve sur un promontoire entre Grosotto et Grosio, où subsistent les ruines de deux châteaux médiévaux. Si vous êtes passionnés par le sujet, ne manquez pas les gravures de la **Valcamonica** *(voir p. 105)*.

Bormio★ – Dominée par le mont Reit (3 075 m), Bormio est une importante station touristique et thermale. Le centre historique, assez bien conservé, mérite le détour. À voir : les fresques du 15e s. sur la façade de l'église romane San Vitale et celles de l'église Santissimo Crocifisso sans oublier le Kuerc, l'ancien tribunal du 14e s., la Torre civica du 15e s. et le Ponte di Combo, construit en 1591, avec ses deux chapelles. Le Castello De Simoni, beau palais du 17e s. construit autour d'une tour médiévale, abrite la mairie de Bormio et un petit Museo Civico. Le **jardin botanique de la via Sertorelli** abrite les principales espèces végétales du **Parco nazionale dello Stelvio★★★**, le plus grand territoire protégé des Alpes.

Lac de Garde★★★

Apprécié depuis l'Antiquité pour son climat, Il Benaco, le « lac bénéfique », est le plus vaste d'Italie (370 km²). À cheval sur le Trentin au nord, la Lombardie de Brescia sur sa rive ouest et la Vénétie de Vérone à l'est, c'est aussi le plus touristique, fort prisé d'une clientèle allemande, suisse et autrichienne. Plus que les autres, le lac de Garde a favorisé le tourisme de masse, tournant le dos au calme et à l'élégance qui font le charme du lac Majeur ou du lac de Côme. Toutefois, il suffit de s'éloigner de la rive pour trouver la tranquillité et jouir de panoramas superbes dans un environnement préservé. De la rive des Oliviers à celle des Citrons, les fins gourmets apprécieront la qualité des vins et une huile d'olive réputée, compagnons d'une cuisine de poisson imaginative. Quant aux sportifs, ils n'auront que l'embarras du choix entre les sites dévolus à la planche à voile et au VTT, les lieux d'escalade, les rivières à canyoning ou les randonnées.

➔**Accès : En bus** - Desenzano, Sirmione et Peschiera sont desservies toutes les heures depuis les gares routières de Brescia et de Vérone. **En train** - Gares sur la rive sud : Peschiera et Desenzano, chacune à env. 800 m du centre-bourg. Liaisons régulières avec Vérone. **Carte du lac de Garde et lac d'Iseo p. 97.**

➔**Conseil :** Si vous aimez le calme, évitez l'été : les villages sont bondés – et les campings aussi.

La rive des Oliviers

La rive orientale du lac de Garde, dans la province du Veneto, a été surnommée « rive des Oliviers ». On aurait pu l'appeler « rive des Vignes » car c'est là que l'on produit le bardolino et le valpolicella. C'est aussi le secteur le plus envahi par le tourisme de masse, lequel se concentre néanmoins au bord de l'eau : vous découvrirez de beaux paysages et échapperez à la foule en prenant les chemins de traverse dans la montagne.

De Peschiera del Garda à Torbole – *Itinéraire d'environ 65 km. Comptez une bonne journée.* Succès touristique oblige, des légions de boutiques de vêtements (peu typiques…) et de produits du terroir jalonnent les ruelles piétonnes des villages autour du lac. Pour profiter au mieux de l'ambiance, l'idéal est de venir à la mi-saison *(avr.-mai et sept.-oct.)*, avant ou après les foules estivales. Vous trouverez partout des restaurants en terrasse sur l'eau et, entre les bourgs, d'innombrables campings.

Peschiera del Garda – *À 138 km de Milan et 30 km de Vérone.* Élevée au débouché du Mincio, Peschiera a conservé son enceinte fortifiée en étoile, entièrement entourée d'eau, témoin des visées vénitiennes, puis napoléoniennes et autrichiennes sur cette place forte stratégiquement située. Les bords du canal offrent une agréable promenade.

Le village de Torri del Benaco.

En saison, la ville est cependant envahie par le tourisme, en raison de la proximité des grands parcs d'attractions établis sur la partie sud-est du lac.

Bardolino★ – *À 17 km au nord de Peschiera.* La localité a donné son nom à l'une des plus célèbres appellations de vins rouges et rosés italiens, que vous dégusterez dans les propriétés des alentours. La vieille ville, en bordure du lac, est charmante avec son **église** du 11e s. et ses ruelles étroites, bordées d'alléchantes boutiques. Le soir venu, ses discothèques et ses animations nocturnes drainent à Bardolino les fêtards de tous âges.

Le **Museo del Vino** offre un aperçu complet de l'histoire du vin et de sa production dans la région, à travers des outils anciens et actuels. *Via Costabella 9 - ☏ 04 57 21 00 22 - www.zeni.it - mi-mars-oct. : 9h-13h, 14h-18h.*

Le **Museo dell'Olio d'Oliva** présente le processus de fabrication de l'huile d'olive, l'autre grande richesse de la rive orientale, avec une presse du 19e s. Librairie-boutique proposant tous les produits dérivés de l'or liquide, dont des cosmétiques. *Cisano di Bardolino, via Peschiera 54 (à 2 km de la ville en venant de Peschiera) - ☏ 04 56 22 90 47 - mars-déc. : lun.-sam. 9h-12h30 et 14h30-19h, dim. 9h-12h30 - entrée libre.*

Si vous êtes dans la région en septembre, profitez-en pour faire une reconstituante **cure uvale** *(cura dell'uva)*, une cure de jus de raisin frais que l'on sert sous des kiosques dans le village : élimine les toxines, régénère et dynamise.

Garda★ – *À 4 km au nord de Bardolino.* La ville qui a donné son nom au lac est désormais vouée au tourisme de masse. Vous pouvez jeter un coup d'œil au **Palazzo dei Capitani del Lago** (palais des Capitaines du Lac) et au **Palazzo dei Fregoso** (15e s.), témoins de la période de domination vénitienne, avant de vous rendre à la **Punta di San Vigilio★★** *(à 3 km à l'ouest, accès à pied par un chemin, demander la carte à l'office de tourisme).* L'endroit, très fréquenté, forme néanmoins un tableau charmant, avec, au fond, la touche vénitienne qu'apporte la Villa Guarienti (16e s. ; *ne se visite pas*). Agréable café donnant sur une petite darse (bassin portuaire abrité) au bord du lac.

Torri del Benaco – *À 7 km au nord de Garda.* Ce joli village de pêcheurs connaît un tel succès touristique en haute saison qu'il est parfois difficile de se frayer un chemin dans la foule. Il faut dire que les maisonnettes accrochées autour des vestiges de son château du 14e s. lui confèrent bien du charme… Installé dans le château, le **Museo Castello Scaligero** retrace l'histoire des pêcheurs et de l'agriculture locale. Depuis la tour, beau panorama sur le lac. *Viale Fratelli Lavanda 2 - ☏ 04 56 29 61 11 - www.museodelcastelloditorridelbenaco.it - avr.-mai et oct. : 9h30-12h30, 14h30-18h ; juin-sept. : 9h30-13h, 16h30-19h30 ; déc.-mars : 14h30-17h30 - fermé nov. - 3 €.*

Plutôt que de longer le lac vers Malcesine, empruntez la route qui grimpe en lacet à **San Zeno di Montagna** et redescend sur Brenzone.

Splendides **vues★★** sur le lac.

Malcesine★ – *À 20 km au nord de Torri del Benaco.* Blotti au pied du Monte Baldo, ce village est l'un des plus touristiques de la région, et l'on y parle autant l'allemand que l'italien.

Près du lac se dresse le palais vénitien des Capitaines du Lac (15e s.).

Malcesine est dominé par la silhouette crénelée du **château fort★** (13e-15e s.) des Scaliger de Vérone. *✆ 04 56 57 03 33 - avr.-sept. : 9h-19h ; oct.-mars : mar.-dim. 9h-16h - 6 €.* Il renferme un petit musée d'archéologie et de sciences naturelles, ainsi que des souvenirs liés au poète Goethe, qui séjourna à plusieurs

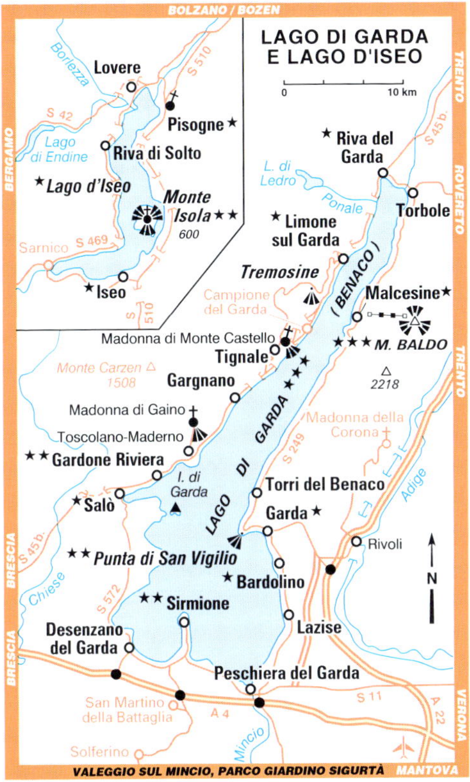

reprises à Malcesine – dont une fois en tant que prisonnier, car on le soupçonna d'espionnage !

Par beau temps, ne manquez pas le **téléphérique du Monte Baldo** : du sommet, splendide **panorama★★★** sur le lac et, au nord, sur les massifs de la Brenta et de l'Adamello. *✆ 04 57 40 02 06 - www.funiviedelbaldo.it - dép. ttes les 30mn - du 16 avr. au 11 sept., du 1er au 15 avr. et du 12 sept. au 31 oct. : 8h-17h - AR 18 €, arrêt à San Michele 9 €.*

Torbole – *À 14 km au nord de Malcesine.* À Torbole, vous entrez dans la région du Trentin-Haut-Adige, où l'allemand côtoie l'italien au rang des langues officielles : ne vous étonnez donc pas d'entendre davantage parler la langue de Goethe que celle de Dante.

La bourgade fut au 15e s. le point d'ancrage des Vénitiens pour conquérir les villes du lac. Plus ventée que ses voisines, Torbole s'est convertie en une station de vacances vouée au tourisme sportif, planche à voile, kitesurf et VTT notamment. Vous pouvez faire de belles promenades vers Riva et Arco et profiter de superbes **vues★** en vous dirigeant vers les ruines du château de Nago, depuis l'escalier situé derrière l'office de tourisme.

La rive des Citrons

De Sirmione à Riva del Garda, la rive occidentale du lac, moins fréquentée que la rive orientale, est la plus ensoleillée et la plus agréable. On y cultive citrons et cédrats notamment, d'où son surnom. Creusée dans la falaise qui tombe à pic dans le lac, la route se glisse à la frontière des mondes italien et germanique : sur les pentes, les feuillus côtoient les cyprès et, dans l'architecture, quelques clochetons en bulbe parsèment les villages de pierre. Là encore, c'est en prenant de la hauteur que vous découvrirez les plus beaux paysages.

Sirmione★★ – *À 135 km à l'est de Milan et à 45 km à l'ouest de Vérone. Évitez la voiture à Sirmione en été : la circulation est pratiquement impossible sur la presqu'île. Les bus desservant Desenzano et Peschiera conduisent jusqu'à la forteresse.* À la pointe d'une étroite péninsule de 3,5 km, Sirmione était appréciée par les Romains pour ses sources thermales sulfureuses. La tradition s'est maintenue, et l'on vient de loin pour prendre les eaux, recommandées pour les affections respiratoires *(rens. www.termedisirmione.com)*. Un tel succès a eu raison du charme de l'endroit : hormis dans le quartier du château, juché au bout de la langue de terre, le village, aménagé avant tout pour le tourisme, propose désormais plus d'hôtels et de campings (zone touristique de **Colombare**) qu'un réel aperçu de la vie à l'italienne.

Passé la zone hôtelière, la petite ville est rassemblée autour de la **Rocca Scaligera★** (forteresse des Scaliger) des 13e-15e s. Ce bel ensemble crénelé conserve d'intéressantes fresques. Jolie vue depuis le donjon. *✆ 03 09 16 468 - 8h30-19h30 - fermé lun. et j. feriés - 4 €.*

Non loin, l'église **Santa Maria Maggiore** (15e s.) fut édifiée avec des matériaux antiques réemployés. Belles fresques à l'intérieur.

Sirmione, appréciée pour ses sources thermales.

PENSAVO PEGGIO

LA FIN DU DUCE

En avril 1945, l'Allemagne nazie est aux abois, mais elle contrôle encore le « réduit alpin » en Italie du Nord. Depuis 1943, Mussolini est installé sur les bords du lac de Garde, à Salò, où il a fondé la « République sociale italienne ». Mais, devant l'avancée alliée, il tente de fuir en Suisse avec sa maîtresse, l'actrice Clara Petacci. Le 28 avril, le Duce est reconnu par des partisans à Dongo (sur le lac de Côme). Arrêté, le couple est fusillé quelques heures plus tard. Les cadavres sont transportés à Milan et pendus sur la piazza Loreto. Les Allemands, tout proches, auraient pu intervenir mais n'ont rien fait. Cette exécution arrange aussi les Alliés, car elle évitera de faire le procès de vingt années de règne fasciste.

Dans un environnement plus calme, sur un **site★★** d'une grande beauté à l'extrémité de la presqu'île, les vestiges d'une ancienne villa romaine sont éparpillés sur un promontoire rocheux. La tradition – sans doute légendaire – veut que cette zone archéologique occupe l'emplacement de la demeure du poète romain Catulle (v. 87-54 av. J.-C.), qui composa des élégies inspirées par ses amours mouvementées avec la redoutable Clodia. L'endroit porte le nom de « **Grotte di Catullo** ». *☏ 03 09 16 157 - avr.-oct. : tlj sf lun. 8h30-19h30 ; reste de l'année : 8h30-14h - fermé dim. et lun. - 4 €.* Un petit musée retrace l'histoire des fouilles.

Non loin, sur un promontoire, l'église **San Pietro in Mavino**, bâtie sur un ancien temple romain, comporte de belles fresques (13e-16e s.).

Desenzano del Garda – *À 9,5 km à l'ouest de Sirmione.* Cette petite ville est l'une des plus élégantes des bords du lac. Attirant un tourisme essentiellement italien, elle conserve un caractère plus vivant et plus sympathique que Sirmione. Très animée le soir, Desenzano regorge de restaurants et de lieux de sortie nocturne.

L'imposante église **Santa Maria Maddalena** (1586) est coiffée d'un dôme. Dans une chapelle, Tiepolo a peint la **Cène★**.

Dans la via degli Scavi ont été dégagés les vestiges d'une **villa romaine** qui remonte au 4e s. et a conservé une belle mosaïque polychrome. *Mars-mi-oct. : tlj sf lun. 8h30-19h ; reste de l'année : tlj sf lun. 8h30-17h - 2 €.*

Si vous vous intéressez aux anciennes civilisations lacustres, allez visiter le **Museo civico archeologico** « Giovanni Rambotti », qui présente des collections illustrant la culture des habitants des bords du lac à l'âge de bronze. *Chiostro di Santa Maria de Senioribus, via T. dal Molin 7 - ☏ 03 09 14 45 29 - mar.-vend. 15h-19h, sam. et dim. 14h30-19h - fermé lun. - entrée libre.*

Une promenade dans la vieille ville conduit aux **ruines du château médiéval**, qui dominent la ville et offrent un beau point de vue.

Les environs de Desenzano se prêtent aux randonnées à vélo : vous trouverez à l'office de tourisme des cartes avec un descriptif détaillé des circuits (longs de 7 à 17 km), et de leurs étapes.

Salò★ – *À 20 km au nord de Desenzano.* Bien abrité au fond d'un golfe, ce gros bourg paisible jouit d'une belle situation au bord du lac. Il fut la capitale de la Magnifica Patria, sous la domination vénitienne, du 15e s. à l'arrivée de Napoléon en 1796. Son nom est en outre lié à la République sociale italienne *(voir encadré ci-dessus)*, proclamée par Mussolini en 1943, après son renversement, et au sulfureux film de Pasolini *Salò ou les 120 journées de Sodome* (1975), image funèbre de la domination inspirée de Sade.

Des magnolias ombragent une plaisante promenade piétonne ; sous les façades Art nouveau, cafés et restaurants ouvrent leurs terrasses face aux voiliers. De là partent les excursions en bateau à destination des villages du lac *(16 à 28 €)*. Derrière son austère façade de brique, le **Duomo** (15e s.) cache un grand **polyptyque★** en bois doré de 1510 et quelques œuvres de Moretto da Brescia et Romanino. Près de l'église, le **Palazzo Fantoni** (15e s.) accueille une des plus riches bibliothèques d'Italie. Le long de l'élégant lungolago Zanardelli, le **Palazzo della Magnifica Patria**, reconstruit au début du 20e s., abrite le **Museo civico archeologico**, qui conserve des objets d'époque romaine. *Lungolago Zanardelli 55 - ✆ 03 65 20 661 - du 25 mars à fin juin : lun.-merc. et vend.-sam. 9h-12h30, 15h-18h, jeu. 9h-12h30 ; juil.-sept. : lun.-sam. 9h-12h30, 15h30-18h30, dim. 9h-12h30 ; nov.-mars : lun.-vend. 9h-12h30, 15h-18h, sam. 15h-18h - entrée libre.*

Gardone Riviera★★ – *À 4 km à l'est de Salò.* La bourgade comprend deux parties : près du lac, une villégiature ensoleillée, dotée de nombreux hôtels et, sur la hauteur, le village de **Gardone di Sopra**, beaucoup plus pittoresque. C'est ici que l'on visite **Il Vittoriale degli Italiani★**, ancienne propriété du poète **Gabriele D'Annunzio**.

Ce vaste domaine entouré de jardins offrant une belle vue sur le lac est une sorte de sanctuaire où l'on célèbre la poésie, le patriotisme et l'héroïsme guerrier de cet écrivain esthète sur le fond de la tragique épopée fasciste. La villa néoclassique **La Priora** évoque l'atmosphère sombre et chargée dans laquelle cet écrivain esthète aimait vivre. Le **musée de la Guerre** retrace son action au cours de la Première Guerre mondiale et dans les années suivantes. Le parc rassemble de nombreux souvenirs, comme la proue du navire *Puglia*, à bord duquel D'Annunzio se lança à l'assaut de Fiume *(voir l'encadré p. 102)*. Son mausolée offre un beau point de **vue★**. *✆ 03 65 29 65 11 - www.vittoriale.it - avr.-sept. : 9h30-19h ; reste de l'année : 9h-13h, 14h-17h - fermé lun. - Vittoriale : 8 €, billet combiné Vittoriale, villa La Priora et musée de la Guerre 16 €.*

Gargnano – *À 12 km au nord-est de Gardone Riviera.* Cet agréable village est entourée de citronniers et de cédratiers. L'église **San Francesco** jouxte un cloître du 15e s., dont les arcades de style mauresque reposent sur des chapiteaux sculptés… d'oranges et de

UN ARISTOCRATE ANTICONFORMISTE

Né dans une famille aristocratique, Gabriele D'Annunzio (1863-1938) s'affirme très tôt comme un grand poète lyrique, chantant la sensualité et le désespoir. Des scandales de mœurs l'amènent à se réfugier en France, en 1911, où il réside à Arcachon. Retourné en Italie pour combattre les Autrichiens, il dirige un raid aérien sur Vienne. Blessé à l'œil, il reste un moment aveugle et compose alors certaines de ses plus belles œuvres, comme Nocturne. *Après la guerre, D'Annunzio prend parti pour le fascisme. En 1920, il s'empare de la ville de Fiume – Rijeka en Croatie –, où il crée un éphémère État libre. Retiré au Vittoriale dans les années 1930, il prend ses distances avec Mussolini lorsque celui-ci s'allie avec Hitler. Il meurt mystérieusement en tombant d'un balcon durant un discours.*

citrons. La tradition veut en effet que les Franciscains aient introduit ici les agrumes qui allaient faire la fortune de cette rive.

Une belle promenade sur la rive mène à la **Villa Feltrinelli**, de style néoclassique. Siège du secrétariat de Mussolini durant la république fasciste de Salò *(voir encadré p. 100)*, elle abrite aujourd'hui un hôtel de luxe.

Tignale – *À 11 km au nord-est de Gargnano.* Le long de la falaise apparaissent de spectaculaires terrasses plantées de pylônes : elles servaient à la culture des citrons selon une méthode en vigueur au 18e s. Pour tout savoir sur la culture des citrons, faites une halte à la **Limonaia di « Pra dela Fam »**. *Port de Tignale - ✆ 03 65 73 354 - avr.-oct. : merc. et dim. 10h-12h, vend. 15h-17h ; nov.-mars : merc. 10h-12h - entrée libre.*

En vous dirigeant vers le nord et en vous éloignant de la rive pour monter au-dessus de Tignale, vers **Tremosine**, vous profiterez de **vues★★★** exceptionnelles sur le lac. Le sanctuaire de la **Madonna di Monte Castello** surplombe le lac d'une hauteur de 800 m et conserve des fresques de l'école de Giotto.

Limone sul Garda★ – *À 22 km au nord-est de Tignale.* Que vous longiez la rive du lac ou que vous passiez par la montagne, vous arriverez à Limone, dont le nom fleure bon le citron : sous serres ou en terrasses, l'arbre aux fruits d'or est omniprésent. Le village, pittoresque, se niche au pied d'impressionnantes falaises calcaires où la végétation peine à s'accrocher et qui, par endroits, tombent à pic dans le lac. Un cadre spectaculaire que beaucoup apprécient : les hôtels poussent ici plus vite que les citrons…

Riva del Garda★ – *À 10 km au nord-est de Limone. Liaisons en bus avec Milan, Brescia, Desenzano, Peschiera, Vérone. Gare routière à 10mn à pied du centre.* À l'extrémité nord du lac, cette station climatique représentait déjà un enjeu stratégique durant l'Antiquité. La **vieille ville★** ne manque pas de charme, avec ses ruelles piétonnes bordées de commerces, son ambiance jeune, ses bars et ses pubs qui s'animent le soir.

Le lac d'Iseo.

Évitez la haute saison, car l'affluence touristique en été se fait plus fortement sentir qu'ailleurs.
Non loin du lac, la **Rocca** (citadelle) a conservé ses tours médiévales, malgré de nombreuses transformations. Elle abrite des expositions et un petit **Museo archeologico**. *Piazza C. Battisti 3/A - ☏ 04 64 57 38 69 - avr.-oct. : 10h-12h30, 13h30-18h - fermé lun. sf juil.-sept. - 2 €.*
Près de la **piazza III Novembre**, bordée d'arcades, se dresse la **Torre Apponale** (13e-16e s. ; *tlj 10h-18h en été - 1 €*), d'où l'on surveillait le port et qui servit à l'occasion de grenier à sel et de prison. À quelques pas, **via Marocco**, subsistent des vestiges de tours médiévales où trouvèrent refuge les imprimeurs juifs chassés de Trente par les catholiques au 15e s.

À 3 km de Riva del Garda, le **Parco Grotta Cascata Varone** propose une visite des grottes, une balade parmi les cascades et la découverte du jardin botanique. *www.cascata-varone.com - mars-oct. : tlj 9h-18h, nov.-fév. : dim. 10h-17h - 5,50 €.*
Les environs de Riva del Garda enchanteront les sportifs : voile et windsurf sur le lac, VTT et escalade dans les montagnes, trekking et canyoning, parapente, golf, pêche, équitation, canoë-kayak… Pour tous les goûts et tous les niveaux. *Rens. à l'office de tourisme.*

Lac d'Iseo★

La rive occidentale du lac d'Iseo, industrielle dans sa partie sud, devient plus pittoresque vers le nord. Ce lac charmant est le lieu de construction des prestigieux bateaux **Riva**, appréciés des membres de la jet-set, tels Brigitte Bardot, Richard Burton ou Aristote Onassis.
En venant du sud, la route étroite et sinueuse longe le lac sous une haute falaise à partir de **Riva di Solto**. À la sortie de la localité, sur la droite, un chemin mène en 10mn au **Bogn**, sorte d'étroit défilé très impressionnant.
Lovere, avec sa vieille ville aux rues en pente et sa jolie place face au lac, bordée de cafés, est très agréable. Son imposante basilique **Santa Maria in Valvendra**★ (16e s.) mérite une visite pour ses fresques et son décor baroque tandis que la **Galleria Tadini** présente une collection d'armes, tableaux, porcelaines et sculptures. *Via Tadini 40 - ☏ 03 59 62 780 - www.accademiatadini.it - ♿ - mai-sept. : mar.-sam. : 15h-19h, dim. et j. fériés 10h-12h, 15h-19h ; avr. et oct. : sam. 15h-19h, dim. et j. fériés 10h-12h, 15h-19h - fermé nov.-mars - 7 €.*
Sur la rive orientale du lac, ne manquez pas **Pisogne**★, petit port dans un joli site au bord du lac et l'**église Santa Maria della Neve**, qui abrite des **fresques**★ (16e s.) de Romanino da Brescia.
Mais la principale attraction touristique est l'île de **Monte Isola**★★ (600 m). D'une superficie de 4,3 km², c'est la plus vaste île lacustre d'Italie. *Accès en bateau de Sale Marasino, Sulzano et Iseo. Sur l'île, on circule à pied, en bus ou à vélo ; location à Carzano ou Peschiera.*
Les deux principales localités, **Carzano** et surtout **Peschiera**, ont conservé

un certain charme. Les pêcheurs y font encore sécher le produit de leur pêche au soleil. Prenez le temps de vous balader dans la campagne et dans les champs d'oliviers, et de grimper jusqu'au sanctuaire de la **Madonna della Ceriola** pour jouir de la **vue**★★ sur le lac et les Alpes bergamasques.
Iseo★ est une charmante villégiature au bord du lac, avec une promenade animée bordée d'alléchantes *gelaterie*. L'église romane Sant'Andrea, au fond d'une charmante petite place, a conservé son campanile du 13e s.
D'Iseo, vous pouvez rejoindre Brescia en empruntant le chemin des écoliers, c'est-à-dire la **route des Vins de la Franciacorta** (Strada del Vino della Franciacorta, *carte détaillée dans les offices de tourisme*). La Franciacorta produit certains des meilleurs mousseux italiens et aussi de bons vins rouges. L'un des vins les plus appréciés vient du domaine **Monte Rossa**. *À Cazzago San Martino - prévenir au ✆ 03 07 25 066 - www.monterossa.com.*

La Valcamonica Hors Plan

La vallée du Valcamonica suit le cours de l'Oglio, au nord, jusqu'au lac d'Iseo. Pittoresque dans sa partie haute, avec ses nombreux châteaux en ruine qui jalonnent ses versants, elle s'industrialise à mesure que l'on descend. Elle doit sa renommée surtout à son patrimoine de **gravures rupestres**★★. Sur un territoire de près de 60 km de long (dans le haut de la vallée), on trouve de très nombreuses gravures (inscrites sur la liste du Patrimoine mondial de l'Unesco) datant de la préhistoire au début de la romanisation. Les rochers du Valcamonica, polis par le glissement des glaciers alpins, offrent aux gravures un support idéal. Celles-ci, réalisées en piquetant la pierre ou en la griffant à plusieurs reprises, ont livré divers témoignages sur la vie quotidienne des peuplades dites camuniennes qui occupaient le site.
Les gravures sont facilement visibles dans le **Parco Nazionale delle Incisioni Rupestri** *(visite 2h – accès à partir de Capo di Ponte)* et dans la **Riserva Naturale Regionale di Ceto, Cimbergo e Paspardo** ; s'adresser au musée de Nadro à Ceto *(✆ 03 64 43 34 65 - www.invallecamonica.it - tlj sf lun. - fermé 25 déc., 1er janv. et 1er Mai - 4 €)* pour accéder à la réserve *(✆ 03 64 43 34 65 - lun.-sam. 9h-12h30, 13h30-17h, dim. (seult été) 9h-12h30, 13h30-18h - 3 €).*

Les jardins avec statues à l'antique d'Isola Bella.
Walter Zerla/age fotostock

Pour en savoir plus

Les grandes heures de Milan

Le cœur de l'empire d'Occident

Si Milan est probablement d'origine gauloise, ce sont les Romains qui, en 222 av. J.-C., soumettent la bourgade *(Mediolanum)* et sont à l'origine de son développement. Le village qu'elle était se transforme en véritable cité romaine, doté d'un forum, de nombreux temples et autres bâtiments publics.
Dès la fin du 3e s. de notre ère, l'empereur Maximien en fait le siège de l'Empire romain d'Occident. En quelques années, il transforme le plan de la ville, malgré ses dimensions réduites. Délimitée à l'époque par les *vie* Manzoni et Torino, le territoire se divise ensuite entre champs et marais. La population compte alors environ 150 000 personnes. En 313, Constantin y publie l'**édit de Milan**, qui accorde aux chrétiens la liberté de culte.
En 375, **saint Ambroise** (340-396), docteur de l'Église, dont l'éloquence fait merveille, devient évêque de Milan et contribue au prestige de la ville *(voir encadré ci-dessous).*

Du royaume lombard aux gibelins

Aux 5e et 6e s., les invasions barbares déferlent sur la région avant que les Lombards y fondent un royaume dont Pavie est la capitale. Cette dernière est reprise en 756 par Pépin le Bref, roi des Francs, dont le fils Charlemagne ceint, en 774, la couronne de fer des rois lombards, symbole de la royauté italienne. Milan ne redevint capitale qu'en 962.
Au 12e s., afin de s'opposer aux tentatives de l'empereur romain germanique Frédéric Barberousse, désireux de s'emparer de la région, Milan forme avec

PROCLAMÉ ÉVÊQUE AVANT D'ÊTRE BAPTISÉ

Ambroise *(vers 337/339-397), haut fonctionnaire impérial né à Trèves, se remarque parmi les autres personnalités de l'Empire romain : c'est lui qui réinstaure un climat de paix entre les chrétiens de Milan, divisés après la mort de l'évêque arien Aussenzio (l'arianisme est un courant de pensée niant la nature divine de Jésus). Sa popularité est telle qu'il est élu évêque par acclamation publique, avant même d'être baptisé. Très influent et soucieux de défendre les droits de l'Église, il impose à l'empereur Théodose, qui a fait massacrer les Thessaloniciens, une expiation publique. Ses sermons déterminent la conversion de saint Augustin, qu'Ambroise baptise en 387. Il renouvelle la liturgie et le calendrier des célébrations de l'Église milanaise, qui aujourd'hui encore se conforme au rite ambrosien. Il est fêté le 7 décembre.*

les villes voisines la Ligue lombarde (1167) et remporte la **victoire de Legnano**, qui lui vaut son autonomie. Au 13e s., les **Visconti**, gibelins et chefs de l'aristocratie, s'emparent du pouvoir. Le plus célèbre d'entre eux, **Jean Galéas** (1351-1402), militaire habile et fin lettré, assassin et dévot, obtient le titre de duc de Milan (1395) et fait édifier la cathédrale et la chartreuse de Pavie. Sa fille Valentine épouse le grand-père de Louis XII. Cette union sera, par sa descendance, à l'origine des guerres d'Italie.

L'avènement des Sforza

En 1447, après l'intermède de la République ambrosienne proclamée par le peuple et la mort du dernier Visconti, Philippe-Marie, François Sforza, gendre du défunt et *condottiere*, conduit les **Sforza** au pouvoir. Le plus illustre, **Ludovic le More** (1452-1508), fait de Milan une nouvelle Athènes en y attirant les génies de l'époque, comme Léonard de Vinci et Bramante. Mais Louis XII, se proclamant légitime héritier du duché de Milan, entreprend en 1500 sa conquête. Après lui, François Ier renouvelle cette tentative, mais se heurte, à Pavie, à la détermination des troupes de Charles Quint.

De l'Espagne au royaume d'Italie

De 1535 à 1713, Milan est soumise aux Espagnols. Pendant cette période, deux figures marquent la ville de leur empreinte religieuse et humanitaire : **Carlo Borromeo** (1538-1584 ; canonisé en 1610) et **Federico Borromeo** (1564-1631), charitables défenseurs de la cité pendant les pestes qui la ravagent (1576 et 1630).

Sous Napoléon, Milan est capitale de la République cisalpine (1797) et du royaume d'Italie (1805). Elle devient, quelques années plus tard, en 1815, capitale du royaume lombard-vénitien. Après son rattachement au royaume d'Italie, la ville représente un acteur majeur de la vie économique, financière et culturelle du pays et une métropole reconnue au niveau européen.

La Milan de demain, vers l'Expo 2015

La ville connaît aujourd'hui un profond revirement architectural, cherchant à requalifier certains quartiers et à exprimer la vitalité économique de la ville par de grands chantiers à l'architecture ambitieuse. Citons la nouvelle *Fiera di Milano*, la rénovation du théâtre de la Scala, le projet Citylife mais aussi celui du Porta Nuova, autour de la gare Garibaldi… Ces chantiers vont profondément modifier la physionomie de la métropole milanaise, qui développe aussi son réseau de transport en commun en vue de mieux recevoir les visiteurs de l'Exposition universelle 2015, ayant pour thème « Nourrir la planète, énergie pour la vie ». Ces remaniements se produisent sur fond de crise économique. La victoire aux élections municipales 2011 du candidat de gauche Giuliano Pisapia, après dix-huit ans de gouvernement de la droite est, là encore, un signe tangible des changements en cours à Milan.

Les grands lacs

Les lacs en majesté

Si les Alpes forment la couronne de l'Italie du Nord, ses lacs en sont les parements les plus précieux. Peu d'endroits allient aussi bien la somptuosité des montagnes enneigées à la clémence du climat.
Les lacs sont tous orientés nord-sud et se sont formés sur d'anciennes vallées glaciaires au quaternaire. Leurs eaux, qui restituent la chaleur estivale, expliquent la douceur du climat, surtout au printemps, quand fleurissent les camélias ou les rhododendrons au milieu des palmiers.

Le lac Majeur

À cheval sur le Piémont et la Lombardie, il occupe 212 km^2 et s'étend sur 66 km du nord au sud. Sa largeur ne dépasse pas 10 km, pour une profondeur moyenne de 177 m pouvant atteindre 372 m. Sa partie nord se trouve en Suisse. Alimenté entre autres par le Tessin, le lac comporte une dizaine d'îles dont les plus fameuses, les **îles Borromées**, accueillent palais et jardins. Au sud du lac Majeur, dans un environnement plus industriel, se trouvent les lacs d'**Orta** et de **Varese**.

Le lac de Côme

Mesurant 146 km^2, il se distingue par sa forme de « Y » renversé, avec, dans sa partie méridionale, deux branches écartées par une presqu'île venteuse au niveau du charmant port de **Bellagio**. Entre ses 140 km de rives, la partie occidentale est la plus ensoleillée et la plus touristique, la rive orientale restant plus industrielle. Le lac de Côme est séparé du lac de Lugano par le Val d'Intelvi, une haute vallée parsemée de villages vivant de l'agriculture et de l'activité forestière. L'essentiel de ce lac de 50 km^2 est en Suisse, seules l'extrémité orientale ainsi qu'une parcelle de la partie occidentale, constituant le lac de Ceresio, se trouvent en Italie.

Le lac de Garde

Baignant la Vénétie, le Trentin et la Lombardie, il n'est qu'à 65 m au-dessus du niveau de la mer. Avec une superficie de 370 km^2, il est le plus vaste des lacs italiens, mesurant 51,6 km dans sa plus grande longueur, pour 17,2 km de largeur maximale et 158,4 km de périmètre. Il atteint une profondeur maximale de 346 m. D'origine fluviale, sa partie septentrionale, longue et étroite, est bordée par le massif du **Baldo**, où la neige ne fond qu'au début de l'été. C'est le secteur le plus venteux et le plus froid du lac. La partie méridionale, plus large, est d'origine glaciaire. On y trouve des collines morainiques réputées pour leur vignoble, que traverse le **Mincio**. Surnommé *Benaco*, le « bienfaisant », le lac de Garde est réputé pour son climat depuis l'époque romaine. La vigne, l'olivier et même le citronnier se plaisent sur ses rives, phénomène inattendu à 46° de latitude nord. Une active politique de protection de l'environnement impliquant toutes les communes riveraines a permis de préserver le milieu aquatique et les richesses halieutiques du lac, et ce malgré une importante activité touristique.

Une douceur de vivre légendaire

Les bonnes conditions climatiques conjuguées à la beauté des paysages (surtout pour le lac Majeur), ainsi qu'à une situation géographique privilégiée entre Europe du Nord et du Sud expliquent l'enthousiasme que les lacs suscitèrent au 19e s. et pourquoi ils devinrent des lieux de villégiature.
En réalité, dès le début de la Renaissance, les grandes familles italiennes se firent bâtir de somptueuses résidences au bord des lacs alpins. Mais ce n'est qu'au 19e s. que l'engouement se manifeste vraiment, comme l'écrit Renata Lodari, paysagiste spécialiste, dans *La Restauration des jardins historiques italiens* : « Tout a commencé avec cette tradition qui amène, à partir de la seconde moitié du 19e s., intellectuels et aristocrates anglais, russes, allemands et français à s'établir sur les rives le temps d'une villégiature. Et ce, bien avant que Milanais et Turinois ne viennent avec la construction de la ligne de chemin de fer goûter à ses charmes. »

Villas et jardins

Entre 1850 et 1914, on assiste à l'édification de villas et de jardins, de grands hôtels et d'élégantes stations balnéaires, qui donneront cette atmosphère si particulière aux lacs italiens. Pour ces grandes demeures, l'éclectisme est de mise : style néopalladien, néogrec, etc. Une seule constante : rien ne doit faire obstacle à l'harmonie du décor entre la maison, le jardin et le lac, dans lequel l'ensemble se reflète. De somptueuses portes en fer forgé tiennent ici lieu de clôtures.
Quant aux jardins, établis en terrasses en raison des contraintes du terrain, ils dénotent un goût pour les essences venues de Chine, du Japon et d'Amérique : azalées, camélias (dont les horticulteurs du lac Majeur sont les spécialistes en Europe), rhododendrons et conifères. La Première Guerre mondiale ouvre une période de déclin ; les domaines se morcellent, villas et grands hôtels se subdivisent en appartements.
Alors que longtemps, la navigation avait été le seul moyen de transport (l'ouverture d'un service public sur le lac Majeur remonte au 19e s.), la construction de routes modifie le paysage. Les lacs se balnéarisent.

Art et architecture

Moyen Âge et Renaissance

De la sobriété du style roman à un retour de l'art antique

Milan est, dans l'âme et dans l'histoire de l'art, une « ville romane » grâce aux extraordinaires basiliques fondées par saint Ambroise. L'**art roman lombard**, apparu en Lombardie au 10e s., se caractérise par des lignes sobres et harmonieuses, une structure solide et massive, une toiture à double pente, des fines bandes verticales sur la façade ou « lésènes », de légères arcatures en plein cintre et un plan généralement à trois nefs, couvertes de voûtes d'arête, et à trois absides, avec des pilastres ronds et massifs à l'intérieur. L'un des exemples les plus représentatifs de cette architecture est la basilique Sant'Ambrogio de Milan. La beauté des églises de style roman lombard doit aussi beaucoup aux tailleurs de pierre *(lapicidi)*.

Le **gothique**, qui naît en France au milieu du 12e s., n'arrive en Italie du Nord qu'un siècle plus tard, et pour seulement deux cents ans, soit sa plus courte période en Europe. La grande verticalité et les arcs-boutants qui le caractérisent ne séduisent pas les Italiens, attachés aux formes romanes, et les vitraux sont rares afin de réserver les murs intérieurs aux fresques. À Milan, l'énorme Duomo, avec ses arcs-boutants, ses 3 400 statues et 135 flèches intégrées au toit et à la façade, marque l'apogée d'un gothique flamboyant (unique en Italie), revu en clé lombarde.

À la **Renaissance**, les architectes les plus appréciés sont le Florentin Michelozzo (1396-1472), le **Filarete** (1400-1469), qui réalise une tour du Castello Sforzesco et l'Ospedale Maggiore, et surtout **Donato Bramante** (1444-1514), le maître favori de Ludovic le More avant de se rendre à Rome. Admirateur de l'antique et imaginatif, il invente la « *travée rythmique* » (façade composée de baies, pilastres et niches alternées) qui confère de l'harmonie à tant de façades Renaissance. Ce créateur de formes nouvelles débute sa carrière à Milan (Santa Maria presso San Satiro, cloître Sant'Ambrogio) et Pavie, mais il atteint son apogée avec les plans de reconstruction de la basilique Saint-Pierre de Rome.

Quelques grands peintres de la Renaissance

En peinture, l'école lombarde est avant tout à la recherche « de la beauté et de la grâce » : ses représentants les plus connus sont Vincenzo Foppa (1427-1515), Bergognone (1450-1523) et Bramantino (entre 1450 et 1465-1536). Les œuvres des peintres Andrea Solario (vers 1473-1520), Boltraffio (1467-1516), **le Sodoma** (1477-1549) et surtout celles du délicat **Bernardino Luini** (vers 1480-1532) témoignent de l'influence déterminante de **Léonard de Vinci** (1452-1519), qui séjourne dans la ville. Ce dernier étonne par ses talents tous azimuts : architecte, peintre, sculpteur, mathématicien. Formé à Florence chez Verrocchio, Léonard passe de longues années à Milan, où il peint *La Cène* sur les murs du couvent de

UNE VILLE D'EAU

Le réseau de canaux à fonction défensive qui entourait autrefois la ville était aussi un système de communication actif, permettant notamment de relier les eaux du Ticino à celles de l'Adda. Le Naviglio Grande, creusé au 12e s. pour défendre Milan contre Pavie, alliée de l'empereur germanique Barberousse, devint rapidement une voie navigable sur laquelle fut acheminé – entre autres – le marbre nécessaire à la construction du Duomo. Les canaux – à l'exception du Naviglio Grande et du Naviglio Pavese – ont été recouverts dans les années 1930. Le Naviglio Martesana n'est aujourd'hui visible que dans la zone de la via Padova (au nord-est du centre), et un ancien tracé se devine au niveau de l'écluse de l'Incoronata (un système de double fermeture sur lequel travailla Léonard de Vinci), entre les vie San Marco et Castelfidardo (voir p. 56). Depuis 1819, le Naviglio Pavese est relié, grâce à un ensemble d'écluses, au Ticino.

Santa Maria delle Grazie entre 1495 et 1499. Il est entre autres l'inventeur du *sfumato* (de l'italien « enfumé »), cet effet vaporeux obtenu par la superposition de plusieurs couches de peinture extrêmement délicates qui donne aux formes des contours imprécis. Déjà sous l'influence du Lombard Caravage et de l'art baroque, le Milanais **Arcimboldo** (1527-1593) détourne la nature morte en empilant fruits, légumes, fleurs et poissons pour composer des portraits.

La Contre-Réforme

Des commandes pour les églises

Deux archevêques issus de la famille Borromée jouent un rôle primordial dans le développement artistique du Milanais aux 16e et 17e s. : **Carlo Borromeo** (1538-1584, canonisé en 1610), qui participe au concile de Trente, soutient la Contre-Réforme et aide les Milanais pendant l'épidémie de peste de 1576, et son cousin **Federico** (1564-1631), fondateur de la bibliothèque Ambrosienne *(voir p. 57)*. Sous leur impulsion, des peintres décorent les églises du Milanais : Giovan Battista Crespi, dit le **Cerano** (1573-1632), **Giulio Cesare Procaccini** (1574-1625), le **Morazzone** (1573-1625), **Daniele Crespi** (env. 1598-1630). Les deux premiers participent à la réalisation des **Quadroni di San Carlo**, l'un des plus beaux témoignages picturaux de l'époque. Ces énormes toiles, exposées entre les pilastres du Duomo de Milan pour un mois lors de la fête de San Carlo Borromeo (4 novembre), forment le cycle des *Faits de la vie du bienheureux Carlo* et des *Miracles de San Carlo*.
À la même époque, **Pellegrino Tibaldi** (1527-1596) est un architecte très actif, au service de Carlo Borromeo.

18e et 19e siècles

Vers 1750, on assiste à un retour des formes gréco-romaines. Ce néoclassicisme est exploité avec succès dans toute la péninsule par le Vénitien **Antonio Canova** (1757-1821), dont les sculptures rendent hommage à la pureté de l'art antique.

Le courant antiquisant s'impose aussi en architecture ; combiné à d'autres courants, il conduira à l'éclectisme et régnera à travers tout le siècle avec des résultats très inégaux. À Milan, le néoclassicisme porte surtout la signature de **Giuseppe Piermarini** (1734-1808), l'architecte de la Scala (dernière restauration 2002-2004), l'un des plus importants théâtres d'opéras du monde. Sobrement néoclassique, le théâtre a été conçu avec une volonté de récupérer le langage de la Renaissance. L'éclectisme de la seconde moitié du siècle doit sa plus grande réalisation, la **Galleria Vittorio Emanuele II**, à **Giuseppe Mengoni** (1829-1877), qui meurt d'une chute depuis le toit de la galerie quelques jours avant son inauguration.

À la fin du 19e s., le style **Liberty** s'impose, dans la mouvance de l'Art nouveau alors en vogue en Europe. Il contribue à l'élégance des quartiers résidentiels de la bourgeoisie milanaise, surtout autour du Castello et le long du Corso Venezia. Le Lombard **Giuseppe Sommaruga** (1867-1917) signera ainsi à Milan quelques édifices à la décoration florale vigoureuse, tel le **Palazzo Castiglioni** sur le corso Venezia *(p. 52)*.

Du 20e siècle à aujourd'hui

La capitale du futurisme

« Nous voulons chanter l'amour du danger, l'habitude de l'énergie et de la témérité. Nous déclarons que la splendeur du monde s'est enrichie d'une beauté nouvelle : la beauté de la vitesse », déclare le poète **Filippo Tommaso Marinetti** (1876-1944) dans le *Manifeste du futurisme* publié à Paris dans *Le Figaro* en 1909. Pourtant, c'est bien à Milan que le futurisme trouve son terrain d'élection. Marinetti, qui vit entre Paris et Milan, part en guerre contre la tradition, et ce courant futuriste porte aux nues la modernité, symbolisée par la ville industrielle où tout est vitesse, machines, lumière, bruit, cohue, énergie. Ces idées seront reprises par les peintres **Umberto Boccioni** (1882-1916), **Giacomo Balla** (1871-1958), **Gino Severini** (1883-1966) et **Carlo Carrà** (1881-1966). Leurs toiles tentent de traduire le dynamisme du monde moderne par des formes fragmentées, apparentées au langage cubiste, dont elles se différencient néanmoins par leur sens du mouvement et par leurs désordres violents et passionnés d'origine expressionniste.

En 1915, le manifeste *Reconstruction futuriste de l'univers* ambitionne de diffuser le futurisme à tous les aspects de la vie quotidienne : architecture, poésie, musique, théâtre, cinéma, ameublement, vêtement, cuisine et publicité. Bellicistes, plusieurs futuristes s'enrôlent durant la Grande Guerre ou, plus tard, soutiendront le fascisme qui, selon Marinetti, est la concrétisation politique du mouvement.

Les grands mouvements du 20e siècle

Après la Grande Guerre, le climat général de « retour à l'ordre » touche de nombreux artistes italiens. En 1922 se forme le groupe **Novecento** à l'initiative de sept artistes, parmi lesquels **Mario Sironi** (1885-1961) et **Achille Funi**

(1890-1972). Le mouvement développe les fondements du naturalisme, filtrés à travers une relecture de l'art médiéval et classique italien, avec des résultats souvent très poétiques et d'une remarquable concentration formelle. La majeure partie des peintres, sculpteurs et architectes italiens adhèrent à cette attitude ou du moins en sont influencés, surtout lorsque dans les années 1920, le régime fasciste s'exprime en faveur de cette tendance stylistique. En réaction à ce mouvement, autour des représentants du groupe milanais de **Corrente**, de l'**École romaine** et des **Six de Turin** se rassemblent quelques-unes des forces les plus vives de l'art italien de cette époque qui, même dans l'individualisation précise de chaque parcours, ont en commun un intérêt pour les solutions expressionnistes. Celles-ci débouchent souvent sur un réalisme intensément tragique, d'une grande tension sociale et d'une profonde substance humaine. Parmi les sculpteurs, une des voix les plus significatives est celle de **Giacomo Manzù** (1908-1991), qui sut même renouveler, en laïc, les formes de l'art chrétien. Son sens profond de la lumière, qui confère à sa sculpture, notamment aux bas-reliefs, une vitalité donatellienne, lui permet de procéder à une dénonciation de la violence, perçue comme la mortification de l'être humain.

En quête de nouvelles voies

Après la tragédie de la Seconde Guerre Mondiale, on parle de « mort de l'art » : le langage artistique emprunte de nouvelles voies que l'on peut estimer antiesthétiques, jusqu'au désaveu du support physique traditionnel, la toile. C'est, en partie, le cas d'**Alberto Burri** (1915-1995). En procédant à des collages sur de vieilles toiles abîmées, il n'entend pas représenter autre chose que ce qu'il donne à montrer, mais exposer un fragment de matière qui acquiert de la signification grâce à l'intervention de l'artiste. **Lucio Fontana** (1899-1968), né en Argentine mais accomplissant son apprentissage à l'académie de Brera à Milan, griffe, troue ou lacère l'espace de la toile pour chercher de nouvelles solutions au vieux problème de l'espace, qui peut être créé mais pas représenté ; ainsi, il souligne l'importance du « geste », de l'action qui met en contact l'en deçà et l'au-delà de la toile, et détruit la classique mise en scène de l'espace. **Piero Manzoni** (1933-1963) recherche l'infini en travaillant sur les *Achromes* (tableaux sans couleur), même si son œuvre la plus célèbre (et la plus choquante) reste *Merde d'artiste en boîte*.

L'architecture moderne

Au début du 20e s., **Côme** devient un haut lieu de l'architecture moderne grâce à **Giuseppe Terragni** (1904-1943) et à **Antonio Sant'Elia** (1888-1916), adeptes d'un rationalisme prônant une construction sans fioritures, libérée du passé académique. Terragni signe alors à Côme la *Casa del Fascio*, un carré doté d'un toit en terrasse *(voir p. 88)*.
Pier Luigi Nervi (1891-1979) va, lui aussi, s'imposer dans l'architecture moderne. Lombard, adepte du béton armé, il réalise des chefs-d'œuvre alliant force, simplicité et élégance : le **Pirellone** (1959) de Milan, construit en collaboration avec le

Milanais **Gio Ponti** (1891-1979), conjugue rationalisme et tradition classique. Architecte rendu célèbre par sa conception du centre Beaubourg à Paris, **Renzo Piano** (Génois né en 1937) sait, dans ses projets, concilier high-tech et attentes des usagers. À Milan, il a signé le siège du journal *Il Sole 24 Ore* de la via Monte Rosa. **Gae Aulenti** (née en 1927), formée à l'école d'architecture de Milan, a enseigné à Venise et Milan, avant de revenir à l'élaboration de chantiers. Parmi ses travaux figure l'aménagement de la piazza Cadorna à Milan.
Vittorio Gregotti (né en 1927), est l'architecte du Teatro degli Arcimboldi et du quartier Bicocca, à Milan, tandis que c'est à **Massimiliano Fuksas** (né en 1944) que revient la réalisation de la Fiera de Rho-Pero.
Milan connaît aujourd'hui une profonde transition architecturale à l'origine de grands projets : la restauration de la gare (**Stazione Centrale**), œuvre des années 1912-1934, et la création du nouveau **Museo del Novecento** (musée du 20e s.) dans l'un des deux bâtiments en marbre de l'Arengario (années 1939-1956) sur la piazza del Duomo.
CityLife est un projet en cours sur le site de l'ancienne Fiera, signé par les architectes **Zaha Hadid, Arata Isozaki** et **Daniel Libeskind**. Il prévoit un musée d'art contemporain, un parc, un centre culturel ainsi que trois gratte-ciel aux formes audacieuses, dont la tour Isozaki, qui sera la plus haute d'Italie (220 m). Dans le **quartier Garibaldi-Repubblica**, outre le **Palazzo Lombardia** déjà réalisé, le plan d'urbanisme prévoit un parc et un centre consacré à la culture, aux loisirs, à la mode et au business. Mais c'est autour des **Navigli** qu'aura lieu le principal chantier pour l'Expo 2015. Les canaux devraient être « réouverts » grâce à la **Via d'Acqua-Parco Expo**, un parcours d'eau qui reliera deux grands parcs au sud et au nord de Milan et redonnera une nouvelle vie à la Darsena, le petit port de Milan.

Mode et design

La mode

Milan est la capitale européenne de la mode et du design. Deux fois par an, lors de la Fashion Week, les stylistes du monde entier s'y donnent rendez-vous. Vous trouverez à Milan toutes les marques **haute couture** d'Italie.
La créativité de **Giorgio Armani** s'exprime dans sa célèbre « veste déstructurée », dans ses robes du soir auxquelles il associe des chaussures à talons plats, et dans ses motifs orientaux qu'il revisite en les épurant à l'extrême. Il a ouvert, tout près de la Scala, un mégastore où sa philosophie du style se décline sous toutes les formes possibles : vêtements pour hommes et femmes, meubles et linge de maison, fleurs et plantes, gastronomie, livres, high-tech.

Les excentriques **Dolce & Gabbana** sont les inventeurs d'un look ironique, branché et faussement négligé ; **Gianfranco Ferré** met l'accent sur « la qualité et le confort » ; **Prada** compte parmi les marques aux lignes classiques et rigoureuses ; **Trussardi** privilégie les lignes simples, une coupe et une finition irréprochables, tout en évitant les motifs inutiles. **Versace**, enfin, est le nom d'une famille de stylistes : Gianni, Donatella et Santo. Le style de Gianni Versace (et de ses successeurs), riche et somptueux, demeure très apprécié de plusieurs stars du rock (Elton John, Jon Bon Jovi).

Nos adresses, Shopping p. 32 à 36 et Quadrilatère de la mode p. 50.

Le design

Tous les ans au mois d'avril, la Milan Design Week fait de la Lombardie la capitale européenne du design. L'événement est né de la Biennale de Monza, lancée par Mussolini en 1923 afin de stimuler les arts décoratifs.
Fondée en 1912 sur les rives du lac de Côme, l'incontournable firme **Alessi**, première entreprise de design italien, est aujourd'hui mondialement connue et toujours active.
Si, dans les années 1930, les architectes et designers italiens du mouvement rationaliste Giuseppe Terragni ou **Franco Albini** (1905-1977) peinent à s'imposer face au néoclassicisme inspiré de l'Art déco français, le design italien décolle véritablement à partir des années 1950. **Gio Ponti** *(voir encadré p. 74)* oriente alors son école de design Domus vers une ligne moderniste. Sa chaise *Superleggera*, conçue pour Cassina en 1955, lui vaut le Compas d'or. **Gae Aulenti**, **Carlo Mollino** (1905-1973), **Joe Colombo** (1930-1971), **Achille** (1918-2002) et **Pier Giacomo Castiglioni** (1913-1968) ont eux aussi contribué à la grande vitalité de leur discipline.
En 1976, **Alessandro Guerriero** (né en 1943) fonde le Studio Alchimia, qui se tourne vers un design ludique, inspiré par **Alessandro Mendini** (né en 1931) et son « Re-design ». Avant de rejoindre Alchimia, **Ettore Sottsass** (1917-2007) signe pour Olivetti plusieurs produits restés célèbres, comme le premier ordinateur italien *(Elea 9003)* ou la machine à écrire portable rouge vif *Valentine* (1969). Sottsass quitte le studio Alchimia en 1981 pour former **Memphis** et revivifier le design radical. Jusqu'en 1988, il produira meubles, céramiques et tissus aux motifs excentriques et colorés, qui joueront un rôle décisif dans l'internationalisation du postmodernisme.
Fondée à Milan en 1949, l'entreprise **Kartell** se spécialise dans la fabrication de produits en plastique (ustensiles ménagers conçus par **Gino Colombini**, puis mobilier). Dix ans plus tard, une autre firme milanaise, **Artemide**, se lance dans l'édition de meubles et de luminaires qui ont donné au design italien ses lettres de noblesse.

Nos adresses, Shopping p. 32 à 36 et Quartier Solari p. 68.

Culture

Milan, centre des Lumières

À la fin du 18e s., se distingue à Milan **Cesare Beccaria** (1738-1794), auteur du traité *Des délits et des peines* (1764), un extraordinaire petit livre dans lequel l'intellectuel aborde avec lucidité des thématiques encore très actuelles (la peine de mort, le rapport entre délit et peine, l'interprétation arbitraire de la loi). Mais il faut attendre la génération suivante, et notamment **Vincenzo Monti** (1754-1828) – dont la traduction de l'*Iliade* est d'une beauté encore inégalée –, pour qu'émerge le néoclassicisme italien. Auteur romantique par excellence, **Ugo Foscolo** (1778-1827) vit les années les plus créatives de sa carrière à Milan. Si son œuvre la plus célèbre demeure l'ode intitulée *Les Tombeaux* (1807), il se distingue aussi par son engagement politique. Le Milanais **Alessandro Manzoni** (1785-1873) est l'auteur du roman historique *Les Fiancés* (1827), qui se déroule au 17e s., entre le lac de Côme, Milan et Bergame, sous l'occupation espagnole. Giuseppe Verdi lui dédiera une *Messe de requiem* pour le premier anniversaire de sa mort.

Cent ans après Manzoni s'illustre un autre grand homme de lettres milanais : **Carlo Emilio Gadda** (1893-1973). En s'appliquant à déformer le langage, Gadda se rebelle contre le fascisme et la bêtise bourgeoise, notamment dans *L'Affreux Pastis de la rue des Merles* (1957). L'emploi de l'argot, d'onomatopées, de néologismes et de dialectes le rapproche de Céline. Plus récemment, **Giovanni Testori** (1923-1993), qui succède à Pier Paolo Pasolini comme éditorialiste au *Corriere della Sera,* est l'un des plus grands dramaturges catholiques italiens du 20e s. (*Il Dio di Roserio*, 1954). En poésie, citons **Giovanni Raboni** (1932-2004), l'auteur d'une traduction de référence d'*À la recherche du temps perdu*, ainsi que la poétesse **Alda Merini** (1931-2009), qui s'attachait à exprimer d'une voix intense et douloureuse la condition humaine.

Milan, capitale de l'édition italienne

De nombreuses maisons d'édition siègent à Milan. **Feltrinelli**, créé en 1954, se rendit célèbre dès la parution de son premier titre, l'autobiographie de Nehru. **Rizzoli**, dont la librairie-galerie Vittorio Emanuele à Milan est encore de nos jours le lieu de rencontre des intellectuels milanais, lança en 1949 la Biblioteca Universale Rizzoli (BUR), première collection de chefs-d'œuvre de la littérature à prix accessible. **Mondadori**, avec sa collection de poche Oscar Mondadori, est la première vendue dans les kiosques à journaux. En avril 1965, 60 000 exemplaires de *L'Adieu aux armes* de Hemingway sont achetés la première semaine.

Cinéma

Jusqu'à la Seconde Guerre mondiale, le cinéma italien se complaît dans une

vision rassurante et optimiste de l'Italie ; c'est l'époque dite des « téléphones blancs », car cet objet est alors l'accessoire indispensable de toutes les comédies légères.
Après la guerre naît le **néoréalisme**, qui aspire « à retrouver les données de la véritable humanité placée devant un décor nu ». Le Milanais **Luchino Visconti** (1906-1976) jette les bases du mouvement en tournant *Ossessione* en décor naturel, en 1943. Dans ce sillage s'engouffrent les Lombards **Alberto Lattuada** (*Notre Guerre*, 1945) et **Luigi Comencini** (*De nouveaux hommes sont nés*, 1948).
Dans les années 1960, le boom économique d'après-guerre se traduit par une fracture toujours plus grande entre la campagne et la ville, entre le Sud et le Nord. On retrouve Visconti avec *Rocco et ses frères (*1960). **Francesco Rosi** signe ses premiers films politiques (*Main basse sur la ville*, 1963) et le Milanais **Marco Ferreri** se révèle avec *Le Mari de la femme à barbe* et *Dilinger est mort*.
La décennie suivante, alors que l'Italie sombre dans les « années de plomb », son cinéma si flamboyant perd des couleurs et des spectateurs. Production et fréquentation s'effondrent devant l'indifférence des pouvoirs publics.
En 2003, le Milanais **Marco Tullio Giordana** connaît un succès considérable dans son pays et à l'étranger avec *Nos Meilleures Années*, une fresque de six heures conçue pour la télévision qui raconte l'histoire d'une famille italienne de la fin des années 1960 à aujourd'hui.

Théâtre

Milan abrite une des scènes les plus réputées au monde : le théâtre de la Scala, qui a accueilli des grands interprètes de musique classique, comme le Milanais **Maurizio Pollini** (1942), lauréat du concours Chopin en 1960, le violoniste prodige **Uto Ughi** (1944) et le chef d'orchestre Milanais **Claudio Abbado** (né en 1933).
La musique de variété a trouvé son lieu d'expression à travers des auteurs lombards comme **Enzo Jannacci** (né en 1935), **Giorgio Gaber** (1939-2003), qui a su lier théâtre et chanson, et **Adriano Celentano** (né en 1932), chanteur, acteur et se produisant dans des one man shows, ayant vendu plus de 70 millions de disques.
Dario Fo (né en 1926), prix Nobel de littérature en 1997, est l'auteur italien le plus joué dans le monde. Il a repris la tradition de la farce et du théâtre politique, et a utilisé le « grammelot », langue inventée qui reproduit les sons d'une langue.
Suivant une tradition remontant aux Sforza (fin 18e s.), l'Italie du Nord reste l'une des plus prestigieuses scènes et écoles de **danse**, où ont évolué les grandes étoiles du début du 19e s., Carlotta Grisi ou Fanny Cerrito, puis Carlotta Brianza. Après la guerre, **Carla Fracci** (née en 1936), Milanaise pure souche, exporte sa renommée avec ses interprétations de rôles romantiques *(Juliette* et *Gisèle)* aux côtés de Rudolf Noureïev. Le Piémontais **Roberto Bolle**, remarqué par Noureïev, est nommé premier danseur en 1996 et est, depuis 2003, le danseur étoile de la Scala.

Gastronomie

Les menus italiens

Le petit-déjeuner est la *colazione*, le repas de midi se dit *pranzo*, et le dîner s'appelle *cena*. La composition d'un repas italien traditionnel se déroule dans l'ordre qui suit.

Antipasti (hors-d'œuvre) – Le plus fréquent à Milan est la charcuterie, les *sottaceti* (légumes au vinaigre), le *carpaccio*, ainsi que les sardines ou anchois marinés. La *bresaola* est une viande de bœuf séchée typique de la Valteline.

Primo piatto – En général, une infinie variété de pâtes. Contrairement à une légende tenace, ce n'est pas Marco Polo qui rapporta de Chine la recette des pâtes. Celles-ci existaient déjà à l'époque romaine, et chaque région a façonné ses propres recettes au cours des siècles. On peut classer celles-ci en quatre grandes familles. Les **pâtes sèches** : *spaghetti, tagliatelle, penne, tagliolini, maccheroni, linguine, farfalle, bucatini*…, qui se font cuire à l'eau et s'accommodent avec une sauce ou un *ragù* à la viande, avec des légumes, des fruits de mer, du *pesto*… Viennent ensuite les **pâtes farcies** : *ravioli, agnolini, tortelloni* et *cappelletti*. Farcies à la viande, au fromage, aux légumes ou au poisson, elles se servent avec ou sans sauce ou dans un bouillon. À ces deux principales catégories s'ajoutent les **pâtes fraîches**, qui peuvent être parfumées aux herbes, à l'encre de seiche, à la tomate, ou préparées avec des farines spéciales, tels les *pizzoccheri della Valtellina*, à base de farine de sarrasin, accompagnés de légumes. On trouve enfin des **pâtes à cuire au four** avec une sauce à la viande, aux légumes ou au fromage, dont les principales sont les lasagnes et les *cannelloni*.

La plaine du Pô, grosse productrice de riz dans sa partie piémontaise, est le pays des **risotti**, délicieux plats de riz cuit dans un bouillon et accommodé de mille et une façons. Les plus fameux sont préparés au safran, aux cèpes *(porcini)* ou à la truffe, blanche ou noire. On prépare également du risotto aux cuisses de grenouille ou aux fruits de mer. La **polenta**, préparée à base de farine de maïs, est un ancien plat de pauvres des régions montagneuses du Val d'Aoste au Frioul. Servie sous forme de galette moelleuse avec une sauce, elle est un *primo* traditionnel ; parfois, elle accompagne les viandes et la charcuterie. Les **gnocchi**, lointains cousins des pâtes, sont préparés à base de pommes de terre et servis comme premier plat.

Secondo piatto – Si vous avez encore faim après les pâtes, vous pouvez attaquer le plat de résistance : une viande ou un poisson agrémentés de légumes. Côté viande, on connaît le goût des Italiens du Nord pour le veau, le plus souvent servi en escalope panée **« à la milanaise »**. On prépare aussi l'**osso buco**, jarret de veau sur os à la tomate. En Lombardie, la viande de bœuf est servie crue en

carpaccio, ou cuite en tournedos ou en entrecôte, et curieusement appelée **stracotto d'asina** – mot à mot « entrecôte d'âne ». Les Italiens du Nord apprécient également le **bollito misto**, assortiment de viandes bouillies servi avec des sauces bien relevées.
Contorno – C'est la garniture du *secondo piatto*. Pas de pâtes (considérées comme un plat à part entière), mais des légumes préparés ou très souvent grillés. Le *contorno* doit être précisé au moment de la commande et sera souvent servi dans une assiette à part.
Dolce, frutta – Le choix est considérable, en commençant par le célèbre *tiramisù*. Essayez aussi la *crostata* (tarte aux fruits), la *panna cotta* (crème cuite servie le plus souvent avec un coulis de fruits rouges), l'*affogato al caffè* (glace à la vanille arrosée d'un café chaud), le *budino al cioccolato* (flan au chocolat) et le *zabaione* (sabayon). Le *panettone* est une brioche aux fruits confits et à la pâte d'amande que l'on sert à Noël. Sachez qu'un *semifreddo* est un entremets froid et que les glaces *(gelati)* sont servies avec ou sans chantilly *(con o senza panna montata)*. Les glaces sont, bien sûr, une des grandes spécialités italiennes, de même que les sorbets.
Café – Si vous commandez un café, on vous servira ce que l'on appelle un *espresso* en France. Il est presque toujours *ristretto* (serré) et peut surprendre par sa force et sa concentration. Le *caffè lungo* (allongé) correspond davantage aux habitudes dans l'Hexagone. Pour obtenir l'équivalent d'un café filtre, demandez un *caffè americano* servi dans une grande tasse. Le *cappuccino* est un café à la mousse de lait, et le *macchiato* est l'équivalent du café noisette. Si vous souhaitez accompagner votre café d'un petit verre d'alcool, qui vous sera parfois versé directement dans la tasse de café, demandez un *corretto*.

Avec ou sans bulles

Les Italiens sont vraiment de grands amateurs de vins à bulles, qui peuvent être blancs ou rouges.
En **Franciacorta**, près du lac d'Iseo *(voir p. 104)*, en Lombardie, on produit toutes sortes de vins pétillants blancs ou rosés. Les vins rouges ou blancs de la **Valteline** *(voir p. 92)*, près de la Suisse, sont excellents.

Un festival gourmand

Organisé fin janvier ou début février à Milan, sous la houlette du journaliste Paolo Marchi, le congrès **Identità Golose** rassemble, depuis 2005, la fine fleur de la cuisine et de la pâtisserie contemporaine. Chaque année, une région italienne et un pays sont mis à l'honneur, à travers leurs chefs et leurs spécialités. Chaleureux, accessible au grand public, ce congrès se déploie en démonstrations magistrales où chaque cuisinier livre ses recettes autour d'un produit, d'une technique ou d'une cuisson. Dans les allées du Palazzo Mezzanotte, à deux pas du Duomo, où siège la manifestation, on déguste aussi les meilleurs produits italiens présentés par leurs producteurs.

M

Collection Le Guide Vert sous la responsabilité d'Anne Teffo

Édition	Catherine Guégan, Aude Gandiol
Rédaction	**Maura Marca, Julie Wood,** Erica Zane, Jean-Moïse Braitberg, Eva Cantavenera, Marco dell'Oro, Michel Fonovich, Philippe Orain, Claire Rideau, Frédéric Rideau
Cartographie	Stéphane Anton, Michèle Cana, Géraldine Deplante, Isabelle Delouvy Plan détachable réalisé d'après les données TeleAtlas. © TeleAtlas 2011
Conception graphique	Laurent Muller (couverture et maquette intérieure)
Relecture	Hélène Jovignot
Régie publicitaire et partenariats	michelin-cartesetguides-btob@fr.michelin.com *Le contenu des pages de publicité insérées dans ce guide n'engage que la responsabilité des annonceurs.*
Remerciements	Didier Broussard, Maria Gaspar, Olivier Brossollet, Pascal Grougon, Danièle Jazeron, Aurélie Bleuzen
Contacts	Michelin Guides Touristiques 27 cours de l'Île-Seguin, 92100 Boulogne-Billancourt Service consommateurs : tourisme@tp.michelin.com Boutique en ligne : www.michelin-boutique.com

Parution 2012

Manufacture française des pneumatiques Michelin
Société en commandite par actions au capital de 504 000 004 EUR
Place des Carmes-Déchaux - 63000 Clermont-Ferrand (France)
R.C.S. Clermont-Fd B 855 200 507

Dépôt légal 01-2012 – ISSN 0293-9436
Compograveur : Michelin, Boulogne-Billancourt
Imprimeur : IME (Usine certifiée 14001)
Imprimé en France : 12-2011

Sur du papier issu de forêts gérées durablement (100% PEFC)

Hôtels ?
Restaurants ?
Savourez
les meilleures adresses !

MICHELIN
France
2012
HOTELS
RESTAURANTS